ANNECY & SES ENVIRONS

ET

GUIDE DU CHEMIN DE FER

ANNECY
ET SES ENVIRONS

PAR

JULES PHILIPPE

Secrétaire de la Société Florimontane et membre correspondant de plusieurs autres Sociétés littéraires.

Troisième édition

PRÉCÉDÉE D'UN

GUIDE DU CHEMIN DE FER

D'AIX-LES-BAINS A ANNECY

Avec carte et plan.

ANNECY

JULES PHILIPPE, LIBRAIRE ÉDITEUR

Place Notre-Dame.

GUIDE DU CHEMIN DE FER

D'AIX A ANNECY

D'Aix à Grésy-sur-Aix.

(4 kilomètres.)

TRACÉ. — A partir de la gare d'Aix, la voie se bifurque ; l'embranchement de gauche conduit à Culoz et celui de droite à Annecy.

A 600 mètres de la gare, la voie d'Annecy traverse la route d'Aix à Seyssel sur un passage à niveau, et, à 100 mètres plus loin, la route impériale n° 201, de Chambéry à Genève, au moyen d'un pont *par dessus*. Elle décrit ensuite une courbe en passant sur le chemin *des Fontaines* et s'avance parallèlement à la route n° 201 sur une longueur de 3 kilomètres. Elle décrit une nouvelle courbe, traverse la route d'Aix à Saint-Pierre-d'Albigny sur un passage à niveau et, après avoir suivi le torrent Sierroz sur une longueur de 900 mètres environ, elle franchit ce torrent à 200 mètres de la station de Grésy.

7 passages à niveau.
4 passages par dessous.
3 ponts.

En partant d'Aix on voit sur la gauche la colline de **Tresserve**, et plus loin le **Mont-du-Chat** (1,598 mètres) que l'on franchissait, avant l'établissement du chemin de fer, pour aller de France en Italie par Chambéry. La voie traverse ensuite de petits vallons et côtoie de riantes collines que couvrent en majeure partie des vignobles qui produisent des vins renommés dans le pays. Elle passe près de **Saint-Simon,** réputé par ses eaux ferrugineuses et alcalines.

Grésy se trouve à droite de la voie ; c'est un petit village connu surtout par sa cascade qui, elle, est à gauche de la voie. La cascade de Grésy a été rendue tristement célèbre par la catastrophe du 10 juin 1813. Ce jour-là, la reine Hortense, visitant cette magnifique chute, avait voulu franchir une passerelle jetée sur l'eau bouillonnante ; une dame d'honneur, son amie, qui l'accompagnait, Mme la baronne de Broc, la suivit, mais arrivée au milieu du pont formé d'une simple planche, elle fut prise de vertige et tomba dans le gouffre où elle trouva la mort. D'aucuns prétendent que Mme de Broc avait refusé de donner la main à un meunier qui voulait l'aider à franchir le passage périlleux, ainsi qu'il avait fait pour la reine Hortense. Si cela est vrai, la baronne, plus royaliste que la reine, paya chèrement son mépris pour les roturiers.

On voit encore à Grésy les ruines d'un vieux château dont il ne reste plus qu'une tour déjà fortement ébréchée.

Antiquités romaines.

De Grésy à Albens.

(8 kilomètres.)

TRACÉ. — En partant du Grésy, la voie longe la Deisse, petite rivière, pendant 200 mètres ; elle se rapproche ensuite de la route impériale d'Annecy (n° 201), qu'elle suit parallèlement sur un espace de 1,100 mètres, fait une courbe à droite, traverse trois fois la Deisse, à 200 mètres de distance, et s'engage dans le tunnel du *Sauvage* (204 mètres) Au sortir du tunnel, elle incline vers la droite, traverse encore deux fois la Deisse qu'elle suit dans une grande courbe de 2 kilomètres, jusqu'à la hauteur du village d'Orliez, après quoi elle remonte au nord et se dirige presque en ligne droite jusqu'à Albens.

9 passages à niveau.
3 passages par dessous.
8 ponts.

Le parcours de Grésy à Albens ne présente rien de bien remarquable. Dans la commune de la **Biolle** (1,370 habitants), qui se trouve à moitié route, on a découvert des antiquités romaines. Ruines du château de Montfalcon. En se rapprochant d'Albens, on voit la vallée s'élargir sensiblement, et, à droite, on découvre des collines fertiles et pittoresques.

Albens, chef-lieu de canton (Savoie), est situé à l'entrée de la magnifique vallée de Rumilly. A gauche, s'élève la montagne de Cessens, sur laquelle on voit les restes d'un ancien château fort qui appartenait aux comtes de Genevois et qui commandait un passage important conduisant dans la vallée du Rhône. A droite, village de Saint-Félix où est né Mgr Dupanloup, de l'Académie française. La mère du célèbre prélat habitait Annecy et elle ne se trouva à Saint-Félix qu'accidentellement.

Albens est la patrie de Michaud, l'auteur de l'*Histoire des Croisades*, né le 19 juin 1767, et qu'à tort on a fait originaire de Bourg en Bresse. La vérité est que l'illustre écrivain reçut le jour à Albens où l'on a retrouvé son acte de naissance; son père s'expatria à la suite d'un grave accident, et emmena son fils avec lui à Bourg. Albens est aussi la patrie des frères Mollard, généraux distingués, dont l'un, Félix-Philibert, a été nommé après l'annexion aide-de-camp de Napoléon III et ensuite sénateur.

Dans les environs on a trouvé beaucoup d'antiquités romaines. — A Futenay, petite source d'eau ferrugineuse.

D'Albens à Bloye.

(4 kilomètres.)

Tracé. — En partant de la gare d'Albens, la voie traverse la route impériale d'Annecy (n° 201), suit une ligne droite de 700 mètres en se rapprochant de la route d'Albens à Genève, décrit une courbe à droite en s'éloignant de la dite route, passe au-dessous du hameau de Braille, remonte insensiblement et atteint la frontière de la Haute-Savoie à 3 kil. environ d'Albens. A partir de ce point, elle arrive à la station de Bloye en droite ligne (1 kil.).

5 passages à niveau.
1 passage par dessous.
1 pont.

D'Albens à **Bloye** la nature change d'aspect; la voie côtoie toujours à gauche des collines vertes et riantes; mais à droite le cadre du paysage s'agrandit : on entre dans la vallée de Rumilly; on voit au loin les hauteurs de Saint-Girod, d'Albens et de Saint-Sylvestre, cette dernière couronnée de son église, et à l'arrière-plan la chaîne du Semnoz, cet immense rempart des Bauges. Par intervalle, apparaissent dans les anfractuosités formées par les cimes des montagnes secondaires, la pointe de la Tournette (bords du lac d'Annecy) au levant, et celle du Parmelan au nord.

A Bloye, on remarque le vieux château de **Conzié** qui a appartenu à une ancienne famille noble d'où sont sortis des hommes remarquables; l'un d'eux, François de Conzié, fut patriarche de Constantinople (mort en 1432).

De Bloye à Rumilly.

(5 kilomètres.)

TRACÉ. — De Bloye à Rumilly la voie longe presque parallèlement à la route d'Albens à Genève, sans déviation très prononcée jusqu'à une distance de 1 kil. et 1/2 environ de Rumilly. A cet endroit elle dessine une courbe très évasée décrite par la route elle-même.

4 passages à niveau
2 passages par dessous.
1 pont.

De la station de Bloye à Rumilly on traverse une plaine très bien cultivée et d'une fertilité si grande qu'on l'a surnommée le grenier de la Savoie ; elle produit du blé de qualité supérieure ; le tabac, dont la culture y a été autorisée depuis 1862, y croît dans d'excellentes conditions.

A gauche, sont les collines de Massingy et de Rumilly, et à droite, celles de Boussy et de Marcellaz.

Rumilly (1) est une petite ville de 4,607 âmes, très industrieuse et que ses habitants, par leur esprit actif et patriotique, ont placée au rang des cités les plus avancées des deux départements savoyards.

Rumilly existait déjà au temps des Romains et l'on prétend qu'il tire son nom ou de la tribu *Romillia,* ou d'un temple que l'on y aurait consacré à la déesse *Rumilia,* invoquée par les nourrices chez les Romains et chez les Grecs (2). La vallée de Rumilly, surnommée dans les temps modernes le *grenier* de la Savoie, a dû aussi, à l'époque allobrogo-romaine, alimenter les val-

---

(1) Bons hôtels. — Voitures pour les courses dans les environs.

(2) *D'Aix-les-Bains à Rumilly et Annecy,* par Fr. D., page 55.

lées voisines de ses produits agricoles ; on peut donc admettre sans difficulté que les Romains, grands amateurs d'allégories religieuses, y ont élevé un temple en l'honneur de la déesse des nourrices.

Construit au confluent du Chéran et de la Népha, deux rivières aux bords escarpés, défendu par un château dont on voit encore les ruines, Rumilly formait au moyen-âge une petite ville fortifiée qui avait pour avant-poste, au nord, la forteresse de l'Annonciade, bâtie en 1568. Les Rumilliens résistèrent héroïquement à Louis XIII en personne en 1630, à une autre armée française en 1690 et aux Espagnols en 1742 (1).

Rumilly est la patrie de plusieurs hommes remarquables dans les armes, la magistrature et la littérature : le cardinal Maillard de Tournon, patriarche d'Antioche ; De Motz de Lallée, général d'Hyder-Aly, roi des Mahrattes, et connu sous le nom de général Lally ; Bénédict Truffey, mort en 1847 évêque des Deux-Guinées, écrivain et poète ; le docteur Baud, professeur à Louvain, mort en 1852 ; Auguste de Juge, littérateur et poète distingué, mort en 1862, etc., etc.

Industrie : Fabriques de toiles et de gros draps connus dans le pays sous le nom de *tirtaine* (environ 100 métiers); cinq carderies et filatures de laine.

Commerce : Produits agricoles ; exportation : environ 25 mille hectolitres de blé par an.

Monuments : Le collége, reconstruit en 1854, — l'hôpital, achevé en 1866, — l'Ecole normale primaire, pour les institutrices, la seule qui existe dans les deux départements savoyards, —

(1) Voir pour plus de détails l'ouvrage déjà cité.

la salle d'asile, — le magasin destiné à la réception et à la manutention des récoltes des planteurs de tabac dans les deux départements, — le pont Saint-Joseph, sur le Chéran, achevé en 1792, formé d'une seule arche de 39 mètres d'ouverture, — le viaduc du chemin de fer, construit sur 4 arches de 5 mètres d'ouverture, — la chapelle gothique de Notre-Dame-de-l'Aumône, à droite de la gare; on y voit le tombeau de dom Juste Guérin, évêque de Genève, mort à Rumilly en 1645.

ANTIQUITÉS : Le sanctuaire de l'Aumône, édifice le plus ancien de Rumilly, construit au XIIIe siècle, — les ruines du château-fort qui a appartenu aux chevaliers de Rhôdes; Pierre d'Aubusson, grand-maître de cet ordre, y retint captif, en 1482, le prince Djem ou Zizim, frère et compétiteur de Bajazet II, empereur de Constantinople.

Nous ne saurions donner qu'un aperçu très succinct des choses qui peuvent exciter la curiosité de l'étranger dans Rumilly. Pour étudier convenablement cette intéressante localité, il faut avoir recours à l'ouvrage de M. Fr. Descôtes, que nous avons déjà cité, *d'Aix-les-Bains à Rumilly et Annecy*. Ce volume renferme les indications les plus complètes sur le bassin de Rumilly, riche en beautés naturelles et en souvenirs historiques.

On ne peut pas quitter cette jolie vallée sans visiter les gorges soit le val de Fier, où passe la route de Rumilly à Seyssel depuis 1864. La distance de Rumilly à l'entrée des gorges est de 9 kilomètres; ces dernières ont 4 kilomètres de longueur et présentent le spectacle le plus extraordinaire qu'on puisse imaginer.

« Ce défilé, dit très bien M. Fr. Descôtes, est assez semblable à celui de Chailles, qui ouvre l'entrée de la Savoie du côté du département de l'Isère. Ce sont là deux vestibules dignes des Alpes Je renonce à dépeindre la sauvage beauté et le pittoresque sublime des sites à travers lesquels le Fier se fraie péniblement un passage. Deux hautes et immenses montagnes, aux flancs boisés, à la pente rapide, forment les deux versants du val. La route, bordée de parapets, très large et parfaitement carrossable, est taillée à pic dans les rochers, avec une hauteur effrayante au-dessus et une profondeur vertigineuse au-dessous. C'est là un spectacle unique qui, dit F. Wey, attirera certainement l'affluence des touristes affriandés d'impressions saisissantes. »

Une voie romaine traversait déjà le val de Fier; les restes de cette voie étaient parfaitement conservés avant la construction de la route actuelle qui en a fait disparaître une partie, et M. Fr. Croisollet, archéologue de Rumilly, en a donné une description dans l'*Encyclopédie catholique* (1858).

De Rumilly à Marcellaz.

(6 kilomètres.)

TRACÉ. — En quittant Rumilly, la voie franchit le Chéran sur un viaduc de 4 arches de 15 mètres d'ouverture, traverse la route de Rumilly à Annecy, décrit une courbe à droite pour s'engager dans la vallée du Fier et se dirige en droite ligne sur Marcellaz.

XIV

7 passages à niveau.
6 passages par dessous.
4 ponts y compris le viaduc.

A partir de Rumilly la nature change complètement d'aspect ; on abandonne la plaine pour ne plus s'avancer qu'au milieu de hautes collines sur lesquelles les champs et les bois se dessinent en mille formes gracieuses. Ce sont d'abord, à droite, la colline du **Bouchet** et la montagne de **Moye** ; puis, après la courbe que décrit la voie, on aperçoit au loin la colline de **Vallières** au premier plan et celle de **Versonnex** au-dessus. On effleure à droite les coteaux de la commune de **Sales**, sur l'un desquels s'élevait autrefois le château-fort de l'**Annonciade** que nous avons déjà cité. Ce château fut pris en 1600 par Henri IV, et en 1630 par Louis XIII qui le fit démolir

On arrive bientôt à la station de **Marcellaz**, nom de la commune sur laquelle est construite la gare ; le chef-lieu est situé sur la colline de droite, à une heure de marche. A gauche de la gare, se trouve la commune de **Hauteville**, dont le premier hameau, appelé la *Champagne*, est à quelques minutes de distance. Les ruines que l'on aperçoit sur le monticule qui domine ce hameau, sont celles de l'antique château de Hauteville ; au bas s'élève une grande construction plus moderne appartenant à la famille de Fésigny, qui autrefois avait un droit sur la seigneurie de Hauteville ; à droite, au pied de la colline, apparaît, au milieu d'un bouquet d'arbres magnifiques, le château d'Asnières. Le clocher que l'on voit au-dessus de Hauteville est celui de **Saint-Eusèbe**.

Jusqu'à l'établissement du chemin de fer, les communes de Hauteville, de Saint-Eusèbe et de Veaux, riches en produits agricoles, écoulaient avec beaucoup de difficultés leurs récoltes, vu le mauvais état des routes ; aujourd'hui la valeur des terrains de ces communes a considérablement augmenté.

De Marcellaz à Lovagny.

(6 kilomètres.)

Tracé. — A 600 mètres de la station de Marcellaz, la voie traverse le Fier une première fois, sur un viaduc de 3 arches dont une de 36 mètres et deux de 15 mètres d'ouverture ; elle suit la rive droite de la rivière sur une longueur d'un kilomètre, la traverse une seconde fois sur un viaduc de 4 arches de 15 mètres d'ouverture, et longe la rive gauche ; au bout de 300 mètres, elle franchit le Fier pour la troisième fois, sur un viaduc de 5 arches dont une de 26 mètres et quatre de 10 mètres d'ouverture ; après une course de 200 mètres sur la rive droite, elle traverse la rivière une quatrième fois sur un viaduc de 5 arches de 15 mètres d'ouverture, suit la rive gauche pendant près de 2 kilomètres, et touche un coude du Fier qui la force à franchir le ravin qu'il a creusé sur un viaduc de 7 arches de 15 mètres d'ouverture ; elle passe le tunnel de Chavaroche, long de 158 mètres, et franchit pour la cinquième fois la rivière sur un viaduc de 5 arches dont une de 30 mètres et quatre de 10 mètres ; après avoir parcouru un espace de 500

XVI

mètres laissé libre par un coude du Fier, elle traverse ce dernier pour la sixième fois sur un pont de 8 mètres, et suit la rive gauche sur une longueur de 400 mètres environ en traversant le tunnel de Pontverre, long de 89 mètres 50 centimètres; enfin elle franchit une septième fois la rivière sur un pont de 8 mètres et arrive à la station.

———

La section de la gare de Marcellaz à Lovagny est sans contredit la partie la plus curieuse de toute la ligne d'Aix à Annecy; et quand nous disons qu'elle est la plus curieuse, notre expression est loin de rendre la vérité. Toute description qui prétendrait donner une idée juste des créations fantastiques auxquelles s'est livrée la nature dans ce petit espace, risquerait fort de se perdre dans des divagations ridicules Les œuvres des hommes paraissent si mesquines mises en regard de certains travaux gigantesques sortis de la main du créateur, qu'il est plus sage de ne pas chercher à peindre ceux-ci au moyen de comparaisons qui ne sauraient même approcher de la vérité.

Comment, en effet, décrire ces sillons monstrueux dont les flancs sont arrondis en tores énormes et que le Fier a tracés dans sa course furibonde? Comment peindre l'aspect de ce coin de terre tourmenté, où les forces volcaniques et la puissance de l'eau se sont trouvées unies pour entreprendre une œuvre grandiose et peut-être unique?

C'est à peine si l'on a le temps de se reconnaître au milieu de ce chaos, auquel viennent ajouter encore les sourds vagissements de la locomotive qui franchit les gouffres, court le long des rocs, en faisant résonner les échos de ces immenses corridors.

La partie la plus intéressante de cette contrée extraordinaire, se trouve à peu de distance de la gare de Lovagny, au-dessous de l'antique manoir de Montrotier qui domine tout le paysage. Là, le Fier s'engouffre dans des gorges profondes qu'il a découpées en saillies monstrueuses et de mille formes diverses; la rivière disparaît complétement, et si ce n'était le mugissement de l'eau qui continue son œuvre destructive au fond de l'abîme, on se croirait transporté au bord d'une de ces crevasses profondes et mystérieuses que l'on rencontre dans les grands glaciers des Alpes.

Dans certains endroits, les deux bords du gouffre sont si rapprochés, que d'un saut on pourrait passer d'un côté à l'autre.

« On dit qu'au temps des sires de Montrotier, un cavalier armé rôdait une fois autour du château; était-ce pour en reconnaître la force, préludant ainsi à quelque attaque, ou peut-être pour rencontrer les regards de quelque gente châtelaine? On ne sait précisément; mais la sentinelle de la grande tour qui s'élève encore au milieu du château comme la tête d'un Polyphème, signala probablement l'aventureux ménestrel, et plusieurs hommes armés, sortant du manoir, vinrent droit au chevalier; celui-ci, moins vaillant qu'un Amadis, s'enfuit précipitamment; et, fut-ce ignorance des lieux, ou confiance en la vigueur de son destrier, il franchit dans sa course l'étroit et profond précipice qui devenait une barrière pour ses ennemis. Son page, qui le suivait à pied, ayant saisi la queue du cheval pour s'aider dans sa fuite, fut emporté du même saut; mais le ca-

XVIII

valier, surpris de le voir près de lui, devint si furieux en voyant comme il y était parvenu, à cause du nouveau danger auquel venait de l'exposer la ruse de cet imprudent écuyer, qu'il lui passa sa rapière au travers du corps (1). »

Quelques-uns prétendent que le cavalier trancha les poignets du page au moment où il se trouva au dessus de l'abîme, et que le corps du malheureux jeune homme disparut dans le gouffre. Toutes les légendes ont leurs variantes.

Le château de Montrotier (*Mons ruptus*), bien que reparé dans quelques unes de ses parties, est de tous les manoirs des environs d'Annecy celui qui a le mieux gardé le caractère féodal, ce qu'il doit principalement à son magnifique donjon cylindrique, parfaitement conservé et qui se dresse menaçant au milieu des vieilles constructions.

Les plus anciennes parties de ce château paraissent remonter au XIVe siècle, ainsi que la tour du donjon, dont les machicoulis en encorbellements prennent naissance à une certaine distance du couronnement, comme ceux des tours cylindriques du château de Chillon.

Suivant M. C. Dunant (2), les appartements du logis central avec leurs arcs cintrés, leurs planchers à caissons, ont dû être construits ou tout au moins reconstruits presque entièrement au XVIe siècle, en dépit de la date de 1344 gravée en chiffres arabes sur le jambage d'une porte qui con-

---

(1) Jacques Replat; extrait des notes qui accompagnent les *Vues de la Savoie*; Chambéry.

(2) Dans un travail inédit que nous aurons souvent l'occasion de citer pour les monuments d'Annecy et des environs.

duit à ces appartements. Les chiffres arabes, tels qu'ils sont dessinés sur la porte d'entrée, n'étaient pas en usage au XIVe siècle. D'ailleurs, l'accolade par application qui découpe le linteau, démontre que ce dernier n'a pas été taillé avant le XVe siècle. Lorsque c'est le vide même de la baie qui affecte la forme d'accolade, on peut croire que la baie est antérieure à cette époque ; mais il n'en est pas de même si cette forme est appliquée sur une pierre rectangulaire, car ce n'est qu'à partir du XVe siècle que cette espèce d'ornement a pris faveur en Savoie.

La tour du donjon est la partie la plus intéressante du château de Montrotier. Elle est entourée d'une large ceinture de machicoulis et surmontée d'une couronne de créneaux. Ce dernier refuge des assiégés ne communiquait avec le reste des constructions qu'au moyen d'un pont-levis, qui se relevait comme un bouclier contre une porte étroite percée au premier étage, et s'abattait sur la galerie placée sur la façade de l'aile occidentale du château. On voit encore sur le linteau de la porte la poulie sur laquelle glissait la chaîne de fer qui faisait mouvoir le tablier.

La base de la tour, évasée de manière à faire ricocher sur les assaillants les projectiles qu'on lançait par l'ouverture des machicoulis, renferme un cachot où la lumière ne peut arriver. Au premier étage, se trouve une chambre où, dit-on, fut emprisonnée une jeune fille qui n'avait pas cru devoir obéir à tous les ordres de son seigneur, cette pauvre victime du *droit du seigneur* a compté ses jours de captivité par des raies horizontales gravées sur le mur. La chambre du deuxième étage est d'un singulier aspect. Dans ses parois, revêtues de grès, on voit une forge et une série de placards; une charmante petite niche, accentuée par un arc à talon se relevant vers le centre et décoré de meneaux trilobés, délicatement ciselés, complète la décoration de la salle. Cette partie de la tour est appelée *chambre de l'alchimiste,* probablement parce que le fourneau de grès avait été destiné aux manipulations mystérieuses d'un chercheur d'or du moyen-âge.

On prétend que les premiers possesseurs de Montrotier ont été les seigneurs de Pontverre, dont le curé qui reçut Jean-Jacques Rousseau était peut-être un rejeton; mais on ne sait rien de précis à cet égard. Ce qui est certain, c'est que dès 1675, le château appartint aux de Menthon, dont une branche prit le titre de Menthon-Montrotier. A l'extinction de cette famille, l'antique manoir passa à MM. Veuillet, connus sous le nom de marquis d'Yenne; confisqué comme bien national après la Révolution française, il fut vendu à M. Dufour, de Genève, qui le laissa en héritage à son fils, le général Dufour, le chef distingué des troupes suisses pendant de longues années. Aujourd'hui, il est la propriété de la famille de Rochette.

Près du château de Montrotier, sur la rive gauche du Fier, se trouve une mine d'asphalte très abondante, celle de Chavaroche, dépendant de la commune de Chavanod. Dans ce village, situé sur la hauteur, est morte, en 1780, Mme Leprince de Beaumont, l'auteur célèbre de nombreux ouvrages destinés à la jeunesse.

Comme dernier renseignement, nous avertirons les touristes que pour visiter en détail les gorges du Fier à Lovagny et le château de Montrotier, ils devront partir d'Annecy et profiter de l'intervalle qui s'écoule entre l'aller et le retour du train d'Annecy à Aix.

De Lovagny à Annecy.

(6 kilomètres et 1/2.)

Tracé. — En partant de Lovagny, la voie remonte la rive droite du Fier sur une longueur de 2 kilomètres, traverse le tunnel de Brossilly, long de 1,160 mètres et immédiatement après passe le Fier, pour la huitième fois, sur un viaduc de 11 arches ayant chacune 15 mètres d'ouverture ; puis elle suit la rive gauche de la rivière sur un espace de 700 mètres environ, franchissant le ravin de Gévrier sur un pont de 2 arches de 12 mètres d'ouverture, passe au-dessus du village de Cran, parcourt 1 kilomètre le long du canal de Thioux qu'elle traverse sur un pont en tôle de 2 travées de $8^m,50$ d'ouverture, et arrive à la station d'Annecy après avoir décrit une légère courbe.

2 passages à niveau.
1 passage par dessous.
3 ponts.
1 viaduc.
1 tunnel.

De la gare de Lovagny au tunnel de Brossilly, la voie traverse un vallon entrecoupé par les eaux du Fier qui, dans cet endroit, a pu s'ouvrir un passage facile au milieu d'un terrain graveleux. Les abords de la rivière sont couverts de buissons touffus et dans certaines parties apparaissent des prés et des champs cultivés. Après avoir passé le tunnel, qui est le plus long de la ligne, on arrive bientôt au-dessus de Cran.

Le village de Cran (commune de Gévrier) est situé de telle sorte que le canal de Thioux, par lequel les eaux du lac d'Annecy vont se verser dans le Fier, y produit des chutes magnifiques qu'avec un peu d'attention on aperçoit du wagon. C'est un village essentiellement industriel, dont chaque maison porte sur ses flancs des roues qui font mouvoir des artifices de toute sorte. Le canal de Thioux fournit à toutes ces machines des forces immenses utilisées par des moulins, des scieries, une fonderie de fers, une papeterie, un tissage de coton, etc., etc. Dans les moments où les eaux sont grandes c'est un spectacle saisissant que de voir, depuis le centre du village, ces cascades innombrables dont la blanche écume couvre les habitations ; le bruit des roues et des lourds marteaux des usines, le fracas de l'eau furibonde, tout vous étourdit au point de ne plus savoir dans quel monde vous vivez.

Aussitôt que le wagon a quitté le village de Cran, la plaine d'Annecy apparaît entourée de ses montagnes majestueuses et de ses jolies collines : au nord, le Parmelan et les montagnes de Thorens ; à l'ouest, la pointe de Mandallaz. Le sifflet de la locomotive retentit : voici venir des émotions nouvelles, au milieu d'une nature dont les beautés poétiques calmeront les agitations qu'ont fait naître dans l'esprit du touriste les *sublimes horreurs* de la vallée du Fier.

RENSEIGNEMENTS GÉNÉRAUX

SUR ANNECY

Hôtels : *de Genève*, sur la place du Théâtre, près de la promenade du Pâquier et du lac; jolie situation ; — *d'Angleterre*, dans le centre de la rue Royale; — *de l'Aigle*, aussi dans la rue Royale; — *de Savoie*, sur la place Saint-François, à proximité du jardin public. — Plusieurs autres de deuxième et de troisième ordre.

Restaurants principaux : *Dominique Granchamp*, sur la place de l'Hôtel-de-Ville; — *Gruffaz*, sur la place de Notre-Dame; — *Calligé*, sur le pont Morens; — *Tissot*, rue Filaterie; *Juge*, rue Filaterie; — *veuve Dunoyer*, rue Royale; — *Dunoyer*, rue du Pâquier. — Tous ces restaurants ont des prix modérés.

Grands Cafés : *du Théâtre*, sur la promenade du Pâquier; — *de la Brasserie*, terrasse, vue sur le lac, près de l'embarcadère du bateau à vapeur; — *du Commerce*, rue du Pâquier; — *Dégravel Alexandre*, rue Royale; — *de la Poste*, id.; — *Gruffaz*, place Notre-Dame; — *Petetin*, place de l'Hôtel-de-Ville.

Bains chauds : rue des Boucheries.

Poste aux lettres : rue Royale, vis-à-vis de l'hôtel d'Angleterre ; — *boîtes supplémentaires,* au faubourg de Bœuf et sur le pont Morand.

Poste aux chevaux : rue Royale, vis-à-vis de l'hôtel d'Angleterre. Voitures en location.

Télégraphe : rue du Pâquier, n° 23, 2ᵉ étage.

Diligences : pour Genève, Albertville, Bonneville-Chamonix et Thônes, à l'hôtel d'Angleterre, bureaux au rez-de-chaussée. — Voiture pour Frangy et Seyssel, à l'hôtel de l'Aigle, rue Royale.

Omnibus : pour Veyrier et Menthon, au restaurant de veuve Dunoyer, rue Royale et à l'auberge de *la Colombe,* rue du Pâquier.

Bateaux de promenade : au jardin public, près de l'embarcadère du bateau à vapeur.

Cercles : *d'Annecy,* rue Filaterie, et *de la place Notre-Dame,* où les étrangers peuvent être admis sur la présentation d'un sociétaire.

Articles de voyage : *David Chabanne,* rue du Pâquier ; — *Machard Félix,* rue Royale ; — *Burrucand,* fabricant quai de l'Evêché ; — *Daubas,* rue Filaterie.

Librairies : *Jules Philippe,* place Notre-Dame ; ouvrages publiés sur la Savoie, cartes, vues photographiques ; journaux de l'administration du *Petit Journal,* dépôt du *Wagon* et itinéraires des chemins de fer, musique, fournitures pour peintres et dessinateurs, abonnement à la lecture, nouveautés des principaux éditeurs de Paris. — *Jean Burnod*, rue Filaterie; nouveautés littéraires, guides, vues, etc., *Moniteur du soir*, journaux littéraires — *Ch. Burdet*, rue de l'Evêché, libraire du clergé; guides, vues, etc. — *Abry*, place Saint-Maurice; classiques, ouvrages religieux, vues, etc.

Vues, stéréoscopes, etc. : *Crochon*, rue des Boucheries.

Sculpteurs sur bois : *Gilardi* frères, quai de l'Evêché; artistes de mérite.

Photographes : *Cabaud Paul*, route de Chambéry; vues, portraits à l'huile, etc. — *Fr. Peccoud*, au Pâquier.

Pharmacies : *Thabuis*, ancienne ph. *Calloud*, rue Filaterie. — *Naire*, rue Filaterie. — *Peccoud*, rue Notre-Dame. — *Lachenal*, rue Royale.

Confiseurs : *Borget*, rue Filaterie. — *Fontaine*, rue du Pâquier. — *Longet*, rue de Bœuf. — *Veuve Fontaine*, place Saint-François.

Parfumeries, coiffure : *Demoux*, rue Notre-Dame. — *Sève*, rue de l'Evêché.

Imprimeries typographiques : *Thésio*, quai de la Halle; bureau du journal le *Mont-Blanc*. — *Ch. Burdet*, rue de l'Evêché. — *Robert*, rue Sainte-Claire; bureau du journal d'annonces. — *Dépollier et Cie*, rue Royale.

Lithographie : *Margueret et Cie*, place de l'Hôtel-de-Ville.

Commissaire de police : Hôtel-de-ville, 1re montée à gauche.

Banquiers : *Banque de France*, rue Royale. — *Caisse d'Escompte*, rue Royale, vis-à-vis de l'hôtel d'Angleterre. — *Comptoir d'Escompte*, rue Royale, allée du café de la Poste. — *De Rochette et Cie*, rue Grenette. — *Recette Générale*, rue de l'Evêché. — *Agnellet et Cie*, rue du Pâquier.

RENSEIGNEMENTS BIBLIOGRAPHIQUES

COLLECTION D'OUVRAGES PUBLIÉS SUR LA SAVOIE

Extrait du catalogue de la librairie Jules Philippe, place Notre-Dame, Annecy.

Académie de Savoie. — *Mémoires et documents* ; volumes in-8º.

A. Angley. — *Histoire du diocèse de Maurienne* ; 1 volume in-8º.

L. Bouvier. — *La chaîne des Aravis*, topographie botanique, historique et statistique des vallées de Thônes ; brochure in-12.

Fr. Descôtes. — *D'Aix à Rumilly et Annecy* ; 1 volume in-12.

A. Despine. — *Notice sur les eaux de Menthon* ; brochure in-8°.

F. Despine. — *Promenade en Tarentaise* ; brochure in-8°.

Joseph Dessaix. — *Evian-les-Bains et Thonon, Guide du baigneur* ; 1 volume in-8°.

Histoire de la réunion de la Savoie à la France en 1792 ; 1 volume in-12.

C.-A. Ducis. — *Les Allobroges à propos d'Alesia* ; brochure in-8°.

L'Histoire et le Regeste genevois ; brochure in-8°.

Th. Fivel. — *L'Alesia de César en Savoie* ; 1 volume in-8°.

Cl. Genoux. — *Histoire de Savoie* ; 1 volume in-12.

J.-L. Grillet. — *Dictionnaire historique, etc., des départements du Mont-Blanc et du Léman* ; 3 volumes in-8°.

Baron Jacquemoud. — *Description historique de l'abbaye royale d'Hautecombe* ; brochure in-8°.

J.-A. Laissus. — *Manuel du baigneur aux eaux thermales de Brides* ; brochure in-12.

Lecoy de la Marche. — *Notice historique sur l'abbaye de Ripaille;* brochure in-8°.

Exécution du testament d'Amédée III, comte de Genevois, en 1371; brochure in-8°.

Le Gallais. — *Histoire de la Savoie et du Piémont;* 1 volume in-8°.

Chronique du mont Saint-Bernard; 1 volume in-8°.

Montmayeur. — *Savoie et Savoyards, notes de statistique agricole;* brochure in-8°.

G. de Mortillet. — *Guide du chemin de fer Victor-Emmanuel;* brochure in-32.

Géologie de la Savoie; 1 volume in-8°.

Jules Philippe. — *Annecy et ses environs et Guide du chemin de fer d'Aix à Annecy;* 3ᵉ édition, in-32, avec carte et plan.

Les Gloires de la Savoie; 1 volume in-8°.

Les Poètes de la Savoie; 1 volume in-12.

Notice sur l'abbaye de Talloires; 1 volume in-8°, honoré du prix Pillet-Will, décerné en 1860 par la Société d'histoire et d'archéologie de Chambéry.

Chronologie de l'histoire de Savoie; 1 volume cartonné in-8°.

Eloge de Jacques Replat; brochure in-8°.

F. Ponsard. — *Les Charmettes,* brochure in-8°.

Jacques Replat. — *Bois et vallons,* description des environs d'Annecy; 1 volume in-8°.

Voyage au long cours sur le lac d'Annecy et Ascension au Semnoz; 1 volume in-12.

Le Sanglier de la forêt de Lonnes; 1 volume petit in-8°.

Note sur Mme de Warens; brochure in-12.

Note sur le passage d'Annibal; brochure petit in-8°.

Les Amours de la Joson, esquisse des mœurs du vieil Annecy; brochure petit in-8°.

J. Rollier. — *Tableau synoptique des Etats qui ont composé la monarchie de Savoie.*

Société Florimontane. — *Revue savoisienne,* journal d'histoire, de sciences et de littérature publié depuis 1860; un volume in-4° par année.

E. Suë. — *Cornélia d'Alfi, ou le lac d'Annecy et ses environs;* 1 volume in-12.

P. Tochon. — *Traité de la culture du tabac dans les deux départements de la Savoie;* brochure in-12.

F. Wey. — *La Haute-Savoie;* volume in-folio, broché ou relié, avec 52 lithographies par M. Terry.

Le même ouvrage, sans lithographies, 1 volume in-12.

Nota. — On trouve aussi à la librairie Jules Philippe une collection de vues des environs d'Annecy.

MODÈLES D'ITINÉRAIRES

Pour bien visiter un pays, il ne suffit pas à l'étranger d'être informé de ce que la contrée renferme de curieux ; il faut encore que le touriste puisse combiner ses courses de manière à tout voir en employant le moins de temps possible.

Voici un itinéraire que nous proposons aux voyageurs qui désirent connaître Annecy et ses environs :

1ᵉʳ jour. — Tour de la ville ; églises, monuments, promenades publiques, le matin. Le soir, visite au musée (page 76 ci-après).

2ᵉ jour. — Tour du lac, le matin ; arrêt à Talloires, au retour, pour visiter l'abbaye, la maison de Berthollet, etc. Course magnifique à Saint-Germain. Déjeuner à Talloires et retour au 2ᵉ ou 3ᵉ voyage du bateau (page 118).

3ᵉ jour. — Le matin, course autour d'Annecy ; nous recommandons une promenade sur la Puya, en passant derrière le château : lever de soleil splendide (page 152). Après déjeuner, profiter du 2ᵉ voyage du bateau pour visiter Menthon et son château ; retour au 5ᵉ voyage du bateau.

4ᵉ jour. — Louer une voiture pour visiter la colline des Barattes, celle d'Annecy-le-Vieux, Brogny, et les châteaux de Monthoux et de Proméry, le matin (page 155). Le soir, promenade au vallon de Sainte-Catherine (page 179).

5ᵉ jour. — Course dans la vallée du Fier et à Thônes (page 168).

6ᵉ jour. — Course au pont de la Caille et aux Bains; déjeuner au restaurant des Bains (page 178).

7ᵉ jour. — Promenade en voiture sur la route des Beauges, le matin (page 185); le soir, course aux gorges du Fier et au château de Montrotier, prenant le 2ᵉ train du chemin de fer d'Aix et revenant par le dernier qui arrive à Annecy (Guide du chemin de fer page XVII).

8ᵉ jour. — Course sur la route de Bonneville et dans la vallée de Thorens, lieu de naissance de saint François de Sales. Déjeuner à Thorens (page 175).

9ᵉ jour. — Course à Faverges en prenant le bateau le matin. Retour à Annecy le soir, ou départ pour Albertville (page 154).

Cet itinéraire est basé sur la supposition que les voyageurs arrivent à Annecy et en repartent par le chemin de fer d'Aix.

Le touriste pourra modifier l'itinéraire proposé suivant la route qu'il choisira pour quitter Annecy. Celui, par exemple, qui voudra se rendre à Chamonix devra réserver le dernier jour soit à la course sur la route de Bonneville, soit à la visite de Thônes d'où il peut se rendre à Chamonix en faisant une partie du chemin à pied. L'étranger qui voudra se diriger sur Genève, réservera la course à la Caille pour le dernier jour.

Nous laissons de côté les ascensions du Parmelan, de la Tournette et du Semnoz qui exigent plus de temps et des indications trop étendues pour trouver place ici. Les membres de l'*Alpin Club* pourront se procurer à ce sujet tous les renseignements nécessaires dans les hôtels (pages 181, 182, 185).

Que si l'étranger ne veut consacrer qu'une journée à une course à Annecy, il devra, en supposant qu'il ait couché dans cette ville, faire le tour du lac le matin, en profitant du premier départ du bateau (1), parce que ce superbe paysage est dans toute sa splendeur aux premières heures de la journée ou au coucher du soleil. Réserver l'après-midi pour visiter la ville, le Musée, etc.

Les baigneurs d'Aix devront prendre le premier train, visiter Annecy dans le milieu de la journée, et faire le tour du lac en profitant du dernier voyage du bateau. Ils seront de retour à Annecy assez tôt pour dîner et reprendre ensuite la ligne d'Aix-les-Bains.

---

(1) Restaurant à bord.

ANNECY & SES ENVIRONS

PREMIÈRE PARTIE

HISTOIRE

I

Fondation de l'ancienne ville d'Annecy. — Son existence et sa situation. — Opinions émises sur l'origine de son nom.

L'origine de la ville d'Annecy remonte à la plus haute antiquité ; la date de sa fondation est inconnue. On sait seulement qu'elle s'élevait autrefois sur la partie gauche de la plaine des Fins, ainsi que sur la colline de Gévrier, et que la ville moderne n'a été fondée qu'après la destruction de l'ancienne par les Barbares.

On ne peut révoquer en doute l'existence de cette ancienne cité, grâce aux antiquités trouvées sur les emplacements désignés. On y a découvert, enfouis sous la terre, des restes de constructions romaines qui ont dû servir à des établissements publics ; une assez grande quantité d'amphores ; des médailles, des armes romaines et barbares, des ossements et des poutres à moitié consumées qui feraient croire que cette ville a disparu par une catastrophe terrible.

Au fur et à mesure que nous ferons passer sous les yeux de nos lecteurs les environs d'Annecy, nous parlerons plus au long de ces antiquités. Pour le moment, nous nous bornerons à rappeler celles qui ont été découvertes dans la plaine des Fins.

Voici ce que dit Grillet dans son *Dictionnaire historique et littéraire de la Savoie :*

« Dans la plaine qui est entre Annecy et le Petit-Brogny, Fodéré et Augustin Chiesa (1) rapportent que dans les années 1590, 1644 et 1660, on trouva des médailles d'or, d'argent et de cuivre, portant d'un côté, l'effigie des empereurs romains des deux premiers siècles : sur une on voyait un char à quatre chevaux avec cette légende : ROMA ; et sur d'autres : P. M. EAT ROMA. On y découvrit dans le même temps plusieurs grands sépulcres avec leurs ossements, et de grandes urnes sur l'une desquelles on lisait : *Sepultura Publii.* Les magnifiques chapiteaux grecs et romains que Mgr Chiesa y observa en 1650 prouvent que quelque monument public ou quelque temple décorait ce sol jadis si fortuné. Du temps de Besson (2), l'on trouva dans les Fins d'Annecy beaucoup d'autres médailles dont l'une de l'empereur Néron ; plusieurs fragments de statue et une pierre dure d'un pied et dix pouces de longueur sur un pied et un demi pouce de largeur, sur laquelle on lisait :

---

(1) Fodéré, *Narration historique,* p. 993 et suivantes; Chiesa, *Corona reale,* cap. IV.
(2) Besson, *Mémoires,* p. 113.

CASTORI·ET POLLVC
G·ATEIVS·PECVLIAR
P.P.APOLLIN
EX STIPE DVPIA
FACIENDVM·CVRAVIT (1). »

Un autre auteur, Albanis Beaumont, dans sa *Description des Alpes grecques et cottiennes*, écrit :

« Mon estimable et savant ami M. Despines fils, docteur en médecine et dont j'ai déjà eu souvent occasion de parler, vient de m'envoyer une partie de sa riche collection de médailles tant en or qu'en argent et cuivre, dont la plupart sont des consulaires et du temps des premiers empereurs ; ces médailles, qui sont très bien conservées, ont été en grande partie trouvées dans les environs d'Annecy. Je viens aussi de recevoir de sa part plusieurs autres objets d'antiquité, dont quelques-uns sont très rares, découverts dernièrement en faisant miner un champ situé dans le lieu nommé la plaine des Fins : l'on a trouvé dans ce champ les fondations d'une maison romaine, car la ville d'Annecy s'étendait alors jusqu'à cette plaine. Parmi les ruines de cette maison, l'on a déterré un petit buste de Minerve en cuivre doré, d'environ trois pouces de haut, mais d'un bon style, ainsi qu'un autre buste un peu plus grand en cuivre fondu, représentant un Gaulois couvert du *Sagum*, ayant les cheveux épars sur les épaules et une corde nouée autour du col ; l'on a aussi trouvé plusieurs autres objets non moins curieux, entre autres un fragment de vase d'une

---

(1) Cette pierre se trouve dans le musée archéologique d'Annecy.

terre rougeâtre, mais très dure et très fine; la surface extérieure de ce vase est couverte de bas-reliefs de la plus grande beauté, représentant des panthères et des bacchantes armées de leur thyrse; ce qui semblerait indiquer que ces vases servaient à quelques-unes de ces libations que l'on avait coutume de faire en l'honneur de Bacchus (1). Parmi la collection d'antiques que m'a envoyés M le docteur Despines, trouvés dans les ruines dont je viens de parler, il y a des lampes sépulcrales, des lacrymatoires, des espèces de poulies en terre, des camées et plusieurs autres objets en ce genre; l'on y a découvert une pierre de moulin de l'espèce des balsates, taillée de la même manière que celles dont les Romains avaient coutume de se servir. »

En 1822 on a trouvé, dans ces mêmes Fins, la tête d'une statue romaine avec la moitié d'un pied. On a déterré aussi une lampe de bronze formée par un dauphin sur lequel est assis un satyre. Un habitant d'Annecy possède une colonne et plusieurs débris ayant appartenu à un édifice romain. En 1844 on découvrit, en même temps que plusieurs fragments d'édifice et quelques médailles de Tibère Claude, une pierre sur laquelle on lit l'inscription suivante :

APOLL

VIROTVT

T. RVTIL. BVRIC'S (2)

(1) Plusieurs de ces débris de vases en terre rougeâtre, couverts de bas-reliefs, se trouvent aujourd'hui dans le musée d'archéologie d'Annecy *(Note de l'auteur)*.

(2) Cette pierre se trouve dans le musée archéologique d'Annecy.

Cette inscription s'interprète ainsi : *Apollini Virotuti Titus Rutilius Buricus.* « Ce monument, dit notre savant ami, M. F. Rabut, de Chambéry, nous fait connaître un nouveau surnom d'Apollon, *Virotutis.* C'est peut-être une épithète dérivée d'un nom de localité, comme celle d'*Artaius*, donnée à Mercure dans une inscription trouvée à Artas en Dauphiné ; comme celle de *Nemausus*, donnée à Jupiter dans les monuments découverts à Nîmes, etc. Le nom du personnage qui a dédié ce petit autel à Apollon, *Rutilius,* a déjà paru sur une inscription antique qui sert de marche dans l'escalier qui mène de la cour du couvent de Talloires au lac d'Annecy (1). »

En 1858, un propriétaire, en faisant exécuter des travaux de minage, dans un champ dit *des Alouèges*, a trouvé une véritable nécropole où l'on a mis à découvert cinquante-trois tombes, dont une, en particulier, était formée par des pierres provenant d'un édifice romain. Sur ces pierres, placées aujourd'hui sous les portiques de l'hôtel-de-ville, on lit plusieurs fragments d'inscriptions, tels que ceux-ci : EX VO... — ITIVS ATTILLVS — MER AVG G SP VI.

Toutes ces antiquités trouvées dans les Fins prouvent donc évidemment qu'il existait sur une partie de cette plaine une ville romaine, qui devait être assez importante si l'on en juge par le nombre des débris de temples et d'édifices retrouvés. Cette ville, avons-nous dit, devait s'étendre aussi sur la colline de Gévrier, et lorsque nous parcourons les environs d'Annecy, à chaque pas nous trouverons des restes de l'ancienne

---

(1) Compte-rendu des travaux de l'Académie de Savoie, 1847-1851.

splendeur que les fils de Rome apportaient avec eux dans les contrées qu'ils soumettaient à leur puissance.

Cependant le nom de cette ancienne cité est très incertain ; les historiens ont cherché à lui en donner un, chacun d'eux s'est efforcé de trouver le véritable en tourmentant le texte des auteurs latins ou grecs ; mais aucun document nouveau n'est venu faire connaître positivement le nom que portait cette ville située dans une position si pittoresque, assise sur une colline si charmante et baignée par les eaux d'un si beau lac. Quant à nous, nous comprenons cette lacune dans l'histoire ; la ville qui a précédé Annecy était un séjour de plaisance et non un centre de gouvernement ; les familles romaines qui vinrent s'y établir voulaient jouir d'une vie calme et heureuse, et non se livrer aux intrigues politiques ; une voie secondaire seule y passait, de sorte que rarement elle voyait dans ses murs des corps d'armée, des chefs de l'Etat ; elle n'était pas un chef-lieu de province ; en un mot, rien de ce qui trouble les grands centres et les fait connaître au monde ne venait distraire de leur calme les habitants de cette ville presque mystérieuse ; voilà pourquoi l'histoire n'a pas redit son nom qui a disparu avec elle, voilà pourquoi nous ne savons rien de précis sur son existence. Mais ne la plaignons pas pour cela ; n'est-il pas préférable qu'elle ait échappé aux troubles et aux guerres intestines qui l'auraient rendue célèbre, et qu'elle ait disparu ignorée du monde, ayant été le séjour de la tranquillité et du bonheur jusqu'au dernier moment ?

Toutefois, il est nécessaire que nous parlions ici des opinions émises par quelques historiens de Savoie, à ce sujet. Quelques-uns prétendent qu'Annecy s'appelait *Binia* ou *Dignia* dérivant de *Dignatia*, qui signifierait en égyptien, *autorité souveraine*. Pline, en effet, parle d'une ville nommée *Dignia*, mais c'est Digne en Provence. D'autres pensent qu'Annecy se nommait *Civitas Bovis*, selon saint François de Sales, qui dit avoir lu dans un ancien manuscrit le passage suivant : « *Extabat antiquitùs apud Allobrogos Civitas Bovis a Gothis funditùs eversa.* » D'après cela, on a prétendu qu'elle avait été fondée par les Egyptiens, qui lui avaient donné le nom de *Ville du Bœuf*, à cause de leur dieu Apis. Les partisans de l'origine égyptienne s'appuient aussi sur ce qu'un des faubourgs d'Annecy s'appelle encore aujourd'hui *Faubourg de Bœuf*; mais il faut dire que cette preuve n'est guère convaincante, car le faubourg de Bœuf a été construit il y a trois siècles au plus, et à cette époque le souvenir du nom de la ville romaine devait être déjà bien confus dans la mémoire des habitants d'Annecy.

Grillet et d'autres historiens adoptent le nom de *Bautas* ou *Bov.tas*, diminutif de *Civitas Bovis*, et Guichenon celui de *Novio Magus*. Albanis Beaumont se décide pour *Binia* et place *Bautas* à Bonneville. Cependant, selon nous, il a commis une grave erreur dans la carte de Savoie qui accompagne son ouvrage, en plaçant *Binia* sur la colline d'Annecy-le-Vieux, et *Civitas Bovis* à l'endroit où se trouve aujourd'hui Annecy; car il est certain que les noms de *Binia* et de *Civitas Bovis*, quoi qu'il en soit, ne doivent s'entendre que d'une seule et même ville.

Comme on vient de le voir, les avis sont partagés; cependant l'opinion qui nous paraît la plus rationnelle est celle des historiens qui ont adopté le nom de *Bautas*. En effet, il est très possible que la ville dont il est question se soit appelée *Civitas Bovis* à cause du dieu Apis, car les divinités égyptiennes étaient adorées dans l'Allobrogie avant la conquête de ce pays par les Romains. Peut-être ceux-ci, en pénétrant dans le pays, rencontrèrent-ils cette ville où ils trouvèrent un temple dédié au dieu Apis, et lui donnèrent-ils à cause de cela le nom de *Civitas Bovis*; avec le temps ce nom peut avoir été transformé en celui de *Bov.tas* ou *Bautas*. Le nom de *Bautas*, du reste, est celui qui s'accorde le mieux avec les Itinéraires romains.

L'origine du nom actuel d'Annecy est tout aussi incertaine, et à cet égard les opinions sont très divergentes. Quelques historiens, parmi lesquels Albanis Beaumont, ont pensé qu'Annecy avait été ainsi nommé en l'honneur d'un certain *Annicius*, général romain qui aurait gouverné longtemps la province comme préfet; les habitants, en reconnaissance de tout le bien fait par ce magistrat à leur ville, auraient donné à celle-ci le nom de son bienfaiteur. Dans ce cas, ce serait l'ancienne ville, construite ou agrandie par les Romains, qui aurait porté le nom d'*Annecy*, et non la nouvelle. Cette hypothèse est absurde.

Un traducteur de Pline prétend qu'Annecy était la capitale des Ananticii et que c'est de là qu'elle tire son nom; cette opinion n'a aucune apparence de vérité et ne doit pas même être discutée. Foderé pense qu'Annecy vient de *Nessy* ou *Nissy*, mot grec qui signifie *île*, parce que cette ville se trouvait entourée d'eau. Enfin, quelques archéologues font dériver Annecy du nom latin *Annessiacum*, soit *Annexum Aquis*, à cause de sa proximité du lac.

Il va sans dire que nous n'admettons comme entièrement vraie aucune de ces opinions, car les unes et les autres reposent sur des faits très incertains. Contentons-nous de savoir, jusqu'à ce que lumière se fasse, qu'une ancienne ville existait sur la plaine des Fins, qu'elle fut détruite, probablement lors de l'invasion de l'empire romain par les Barbares, dans le ve siècle, et qu'après cette catastrophe une seconde ville fut élevée qui porte aujourd'hui le nom d'Annecy.

Ce sont les principaux faits de l'histoire de cette dernière que nous allons raconter.

II

Premier titre où il est fait mention d'Annecy. — Les comtes de Genève y fixent leur résidence. Les comtes de Genevois et leurs États. — Le comté de Genevois passe à la Maison de Savoie.

Le pemier titre où il est fait mention d'Annecy est une charte de l'empereur Lothaire, du 17 janvier 867, qui donne à l'impératrice Thietberge : « Annecy, Bellemont, Talloires, Duingt et Marlans, dans le Genevois : *In pago Januensi* (1)

---

(1) *Januensi* dérive de *Janua*, nom donné à Genève par quelques auteurs.

(*Genevensi*) *Annessiacum, Belmontem, Telluyrum, Ducziardum, Marlindum, etc.* » Jusqu'au onzième siècle on ne sait rien de plus précis sur Annecy. A cette époque, cette ville était déjà la capitale des comtes de Genève, créés par Charlemagne vers l'an 770 environ.

Ces comtes ne furent d'abord que de simples officiers de l'empereur, chargés de rendre la justice à Genève; leur titre primitivement n'était pas héréditaire. Ce ne fut que peu à peu qu'ils parvinrent à avoir des possessions, à former une Maison souveraine et à exercer une véritable autorité sur Genève, autorité qu'ils perdirent bientôt, du reste, et qui passa aux évêques de cette ville.

Les comtes de Genève, dépossédés de leur capitale, fixèrent leur résidence à Annecy. Les anciens Etats de cette Maison s'étendaient depuis les environs d'Aix-les-Bains jusqu'à Ballaison et au château de Troches en Chablais; ils comprenaient les mandements d'Annecy, de Rumilly, de Faverges, de Thônes, de Monnetier, de Ternier, de Gaillard ; tout le pays de Gex, le mandement d'Aubonne dans le pays de Vaud, et plusieurs terres dans le Dauphiné.

L'histoire des comtes de Genève présente peu de faits certains, surtout dans les temps qui se rapprochent le plus de l'époque de leur création. Ils ont formé deux branches; la première a fourni vingt-deux princes connus, suivant Grillet, et vingt-sept suivant Lévrier; la seconde n'en a compté que deux.

Gérold fut le premier qui tenta de se rendre indépendant de l'empire, et pour cela il s'allia à Eudes de Champagne, qui luttait contre l'empereur Conrad II. Il fut battu par ce dernier en 1034, et se vit enlever la souveraineté de son comté, qui passa aux évêques de Genève. Dès cette époque il ne fut plus remis en pleine possession de son autorité, et bien qu'en 1058 il reçût de nouveau l'investiture de son comté, les évêques gardèrent toujours le pouvoir sur Genève. C'est dans ce fait qu'il faut chercher la cause des guerres nombreuses qui ont existé entre les princes de Savoie et Genève.

Aimon II, au commencement du XIIe siècle, avec le consentement de l'évêque de Genève Gui, son frère, usurpa plusieurs fiefs et pouvoirs qui jusque-là avaient été soigneusement conservés par les prélats. Il fit un accord, en 1124, avec le successeur de Gui.

Amé I, qui vivait en 1160, fit tous ses efforts pour s'emparer de la souveraineté de Genève. Pour satisfaire son ambition, il engagea le duc de Zeringen, Berthold, à demander à l'empereur cette souveraineté au préjudice de l'évêque. Quelles raisons assez puissantes le comte de Genevois donna-t-il à Berthold pour le déterminer à faire cette demande ? C'est ce que l'on ne sait pas positivement. Bonnivard dit que les ducs de Zeringen prétendaient avoir des droits sur le royaume de Bourgogne, en vertu de concessions qui leur avaient été faites par les empereurs, et que ce fut pour ce motif que Berthold demanda la souveraineté de Genève. Quoi qu'il en soit, l'empereur investit le duc de cette souveraineté, et le comte Amé I, ne perdant pas de vue son projet, fit si bien qu'il parvint à se faire céder le pouvoir par Berthold. Aussitôt il s'empara de tout ce qu'à appartenait à l'évêque et au clergé, et s'établit à Genève en véritable souverain. L'évêque se plaignit à l'empereur et réclama le pouvoir qui venait de lui être enlevé. Frédéric, après avoir pris l'avis du conseil des princes, ordonna que dorénavant l'évêque serait seul souverain de Genève et cassa la donation qu'il avait faite au duc de Zeringen. Les projets du comte de Genevois furent ainsi déjoués.

Guillaume I, vers 1180, eut aussi des différends avec l'évêque de Genève, toujours à propos de la souveraineté de cette ville. Il fut pour ce fait traduit devant l'empereur et mis au ban de l'empire ; son comté fut même confisqué au profit de l'évêque. Réintégré dans ses possessions, Guillaume I renouvela ses tentatives et força ainsi l'évêque à appeler à son secours Thomas de Savoie. Battu par ce dernier, le comte de Genève signa la paix.

Aimon III, grâce à un accord fait avec l'évêque de Genève, Robert de Genevois, son frère, s'empara des pouvoirs dont jouissait le siége épiscopal. Les citoyens de Genève, afin de résister à cet envahissement, firent un traité d'alliance avec le comte de Savoie, qui finit par s'emparer du vidomnat et de la juridiction de la ville. Cette usurpation inattendue ne fit qu'empirer la situation de Genève, par les guerres qu'elle occasionna et qui continuèrent sous Amé II et Guillaume III, successeur d'Aimon III.

Amé III devint comte de Genève en 1320 et se lia étroitement à la Maison de Savoie. Il prêta son concours au roi de France Philippe VI, dans la guerre que ce dernier avait à soutenir contre Edouard III, roi d'Angleterre. Amé III fut le premier qui fit battre monnaie à Annecy ; son exemple fut suivi par le comte Pierre en 1370. Les pièces que l'on a retrouvées et qui ont été frappées par ces deux princes sont en argent ; elles portent d'un côté l'écu de la Maison de Genève avec la légende *Amedeus* ou *Petrus comes*, et de l'autre, une croix avec la légende *Fidelis Imperii*.

Robert de Genève ou Clément VII mourut en 1394. Il prit le titre de comte de Genève à la mort de son frère Pierre, arrivée en 1393, et fut le dernier comte de la première branche.

Amé III avait eu trois enfants mâles qui régnèrent successivement, et plusieurs filles. A la mort de Robert, qui était son troisième fils et qui n'avait pas de postérité, le comté revint à Humbert de Thoire de Villars, époux de l'une des filles d'Amé III. C'est ainsi que fut formée la seconde branche.

A la mort de Humbert (1400), son oncle Oddo de Villars lui succéda. Ce comte ne resta pas longtemps en possession du comté de Genevois ; il le vendit à Amédée VIII l'année suivante, ainsi que nous allons le voir.

Les comtes de Savoie convoitèrent pendant de longues années, avant de pouvoir les posséder, les Etats des comtes de Genevois. Il y eut même plusieurs querelles entre eux à ce sujet. Grillet, dans son *Dictionnaire*, a fait un abrégé historique des tentatives des princes de la Maison de Savoie pour s'emparer des domaines de leurs voisins, jusqu'à l'époque où Amédée VIII les acheta d'Oddo de Villars.

« Ces Etats (le comté de Genevois), dit-il, furent dès le XIIe siècle l'objet des vues d'agrandissement de la Maison de Savoie, qui profita de toutes les occasions que lui fournirent les circonstances pour en devenir la maîtresse absolue. Ses premières prétentions tirèrent leur origine des droits qu'Ebal, fils du comte Humbert de Genève, céda à Pierre de Savoie dit le Petit-Charlemagne, par testament du 3 mai et par cession du 12 du même mois l'an 1259. Pierre de Savoie ne se prévalut point ouvertement de cette disposition d'Ebal au préjudice de Guillaume II son oncle, mais il se contenta seulement de forcer ce dernier à lui payer 20,000 marcs d'argent, à lui céder le château du Bourg-de-Four de Genève, ceux d'Arlod, de Ballaison, de Langin, des Clés, et à lui faire, en outre, hommage pour les châteaux de Cusy, de Charosse, d'Aubonne, et pour le péage que la Maison de Genève percevait sur le Rhône au pont de Saint-Maurice en Valais; comme le tout se voit dans l'acte de l'an 1264, déposé dans les archives de Turin.

« Après plusieurs guerres ruineuses entre les comtes de Genevois, les Dauphins et les barons de Faucigny contre la Maison de Savoie, Amé III, comte de Genevois, fit un hommage solennel de tous ses Etats et jura fidélité à Aimon comte de Savoie, le 13 novembre 1329. Clément VII, dernier mâle de la Maison souveraine de Genève, renouvela par procureur cet hommage, en 1394; Oddo de Thoire de Villars fit de même le 23 septembre 1400, et ce dernier voyant qu'Amédée VIII, comte de Savoie, ne cessait de lui susciter de nouvelles querelles et d'alléguer de nouvelles prétentions, lui céda, pour 40,000 francs d'or, tous ses droits quelconques sur le comté de Genevois, par contrat de vente faite à Paris dans l'hôtel de Nesle, le 5 août 1401.

« Amédée VIII croyant par cet acte avoir réuni le domaine utile du comté de Genevois au domaine direct, s'en regardait comme possesseur véritable, lorsque l'empereur Sigismond, après l'extinction de la ligne masculine de la Maison de Genève, en réclama les Etats, comme fiefs dévolus à l'empire d'Allemagne. La Chambre impériale ayant débouté Amédée VIII de toutes ses prétentions, l'empereur consentit cependant à lui inféoder de nouveau le comté de Genevois, par diplôme du 25 avril 1422; et la Chambre impériale, par sentence du 29 mai 1424, défendit au prince d'Orange, héritier de Jeanne de Genève, de prendre les armoiries et le titre de comte de Genevois (1). »

Nous ajouterons que le prince d'Orange renonça à toutes prétentions, par un traité signé le 25 juin 1424.

En 1433, Amédée VIII donna le comté de Genevois en apanage à son fils Philippe, et en 1460, le duc Louis le céda aussi en apanage à Janus de Savoie. En 1514, le duc Charles III le donna, avec les baronies de Beaufort et de Faucigny, à son frère Philippe, qui forma la branche dite de Savoie-Nemours ou de Genevois-Nemours.

III

Règne des ducs de Genevois-Nemours. — Le Genevois rentre dans les Etats de Savoie. — Invasions de la Savoie à différentes époques.

Les ducs de Genevois-Nemours, qui ont régné de 1514 à 1659, ont formé l'une des branches

(1) Grillet, vol. II, p. 314.

les plus illustres de la Maison de Savoie, parce qu'ayant quitté le Piémont ils vécurent à la cour de France et prirent une part active à tous les troubles qui agitèrent ce pays.

Le premier de ces princes, Philippe, naquit en 1490 ; par un abus assez commun à cette époque, il fut nommé à l'évêché de Genève à l'âge de cinq ans ; mais, comme après tout, il ne pouvait être évêque que de titre et non de fait, il ne se gêna pas pour donner un libre cours à ses aspirations naturelles. Préférant l'épée à la mitre, il se fit militaire, accompagna le roi de France Louis XII en Italie, et se distingua à la bataille d'Agnadel, en 1509. L'année suivante, il renonça définitivement à son évêché, et ce fut alors que Charles III, son frère, lui donna en apanage le comté de Genevois et les baronies de Faucigny et de Beaufort. Philippe servit d'abord l'empereur Charles-Quint, mais bientôt François Ier l'attira en France et, pour se l'attacher définitivement, le maria avec Charlotte d'Orléans, en 1528, et lui donna le duché de Nemours. C'est de là que lui vint le titre de duc de Nemours, que ses successeurs conservèrent. Il mourut à Marseille, le 25 novembre 1533, et fut enseveli dans l'église de Notre-Dame d'Annecy. Il eut, entre autres enfants, Jacques, qui lui succéda, et Jeanne, mariée à Nicolas de Lorraine, duc de Mercœur.

Jacques de Genevois-Nemours, second prince de cette branche, naquit en 1531. Ce prince se rendit célèbre par ses exploits en France, en Flandre et en Italie. Lorsqu'il était tout jeune encore, il reçut de François Ier le commandement de 200 chevau-légers en 1552, et il devint colonel-général de cavalerie en France. Après avoir pris part aux guerres de son temps, il se retira dans ses États de Genevois, qu'Emmanuel-Philibert avait érigés en duché en 1564, et mourut à Annecy en 1585. Voici le portrait que Brantôme a fait de ce prince dans sa *Vie des Capitaines français* :

« C'était un prince très beau, vaillant, accortable, bien écrivant autant en rime qu'en prose. Il était pourvu d'un grand sens et esprit. Ses avis étaient les meilleurs au conseil. Il excellait en toutes sortes d'exercices, parfait en tout ; si bien que qui n'a vu Savoie-Nemours en ses gaies années, n'a rien vu ; et qui l'a vu, le peut baptiser par tout le monde, *la fleur de la Chevalerie.* »

Le duc Jacques acquit le duché de Chartres. Cette possession avait été érigée en duché par François 1er en 1528, en faveur de Rénée de France, duchesse de Ferrare, moyennant 250 écus d'or. Elle passa, sous les mêmes conditions, d'abord à Anne d'Est, femme de François de Lorraine, duc de Guise ; et en second lieu à Jacques de Nemours, par son mariage avec cette princesse.

Le duc Jacques, animé d'un esprit aventureux et chevaleresque qui le rendait ambitieux, eut un instant l'idée de partager le pouvoir avec le duc de Savoie, Emmanuel-Philibert. Ses tentatives n'aboutirent pas, parce que, dans ce moment, les deux cours de France et de Savoie étaient étroitement liées d'amitié.

Il eut d'Anne d'Est, Charles-Emmanuel et Henri I.

Le troisième duc de Genevois-Nemours, Charles-Emmanuel, naquit en 1567 ; il joua un rôle actif dans les guerres intestines de la France et se distingua toujours par sa bravoure. Se trouvant aux Etats de Blois, en 1588, lors de l'assassinat de Henri de Guise, il fut arrêté comme ligueur ; s'étant échappé de prison, il prit part aux batailles d'Arques et d'Yvry, gagnées par Henri IV sur Mayenne, et fut gouverneur de Paris pendant le siége de cette ville, en 1590. Il alla ensuite prendre possession du gouvernement du Lyonnais, et remporta quelques avantages pour la ligue ; mais, en 1593, l'archevêque de Lyon le fit emprisonner à Pierre-Encise, d'où il s'échappa l'année suivante. Il mourut en 1595, sans avoir été marié.

Henri I, quatrième duc de Genevois-Nemours, naquit en 1572. Ce prince ne fit rien de bien remarquable. Avant la mort de son frère, il resta pendant quelque temps au service du duc de Savoie, puis il s'engagea dans la ligue et se réconcilia avec Henri IV en 1596. Il mourut à Paris en 1632 et fut inhumé à Annecy. Il avait épousé, en 1618, Anne, fille unique de Charles de Lorraine, duc d'Aumale, qui lui avait apporté le duché de ce nom, et dont il eut, Louis, Charles-Amédée et Henri II qui suivent.

Louis, cinquième duc de Genevois-Nemours, embrassa aussi la carrière des armes, assista au siége d'Aire et mourut en 1641, sans avoir été marié.

Charles-Amédée, sixième duc de Genevois-Nemours, duc d'Aumale et pair de France, colonel-général de la cavalerie légère en France, naquit en 1622. La vie de ce prince fut toute militaire et politique ; il assista comme volontaire aux siéges de Gravelines, de Béthune, de Lens, de Bourbourg et de Montcassel. Aux siéges de Courtray et de Mardick, il commanda la cavalerie légère. En 1652, dans le combat du faubourg Saint-Antoine, à Paris, il reçut neuf coups de feu sur son armure et fut blessé à la main; enfin, la même année, dans un duel qu'il eut avec son beau-frère, le duc de Beaufort, il périt plutôt assassiné que tué loyalement, si toutefois on peut tuer avec *loyauté*, et fut enseveli à Annecy.

Il avait eu de son mariage avec Elisabeth, fille de César duc de Vendôme, Marie Jeanne-Baptiste, mariée au duc de Savoie Charles-Emmanuel II, et Marie-Françoise-Elisabeth, mariée à Alphonse VI, et ensuite à Pierre II, rois de Portugal.

Henri II, qui succéda à Charles-Amédée son frère, occupait, à l'époque de la mort de ce dernier, une place élevée dans le clergé de France. Il avait été nommé archevêque de Rheims, duc et pair, et avait présidé l'assemblée du clergé. Il abandonna son siége pour prendre possession de son duché, et se maria en 1657 avec Marie d'Orléans, fille de Henri II d'Orléans, duc de Longueville.

Il mourut sans postérité, en 1659, et fut ainsi le dernier des ducs de Genevois-Nemours.

Sous le règne de ces princes, Annecy et son territoire, comme toute la Savoie, furent envahis par les Français en 1536, en 1592, en 1600 et en 1630.

En 1659, le duché de Genevois rentra dans le domaine direct de la Maison de Savoie, et dès cette époque notre pays eut à subir plusieurs invasions : en 1690, Louis XIV s'en empara et le conserva pendant quelques années ; en 1703, Victor-Amédée II ayant abandonné Louis XIV pour se jeter dans le parti de l'empereur, dans la guerre pour la succession d'Espagne, la Savoie fut envahie de nouveau par les Français, qui la conservèrent jusqu'en 1713. Dans le courant de cette année, la paix d'Utrecht fut signée et la Maison de Savoie rentra en possession de ses anciens Etats.

En 1742, dans la guerre pour la succession d'Autriche, les Espagnols occupèrent notre pays qui resta détaché du Piémont jusqu'à la paix d'Aix-la-Chapelle, signée en 1748.

En 1792, la Savoie fut réunie à la France jusqu'à la chute de Napoléon Ier. Enfin, par un traité signé le 24 mars 1860, entre Victor-Emmanuel II et Napoléon III, la Savoie a été de nouveau unie à la France. Puisse cette vieille terre de l'honneur avoir enfin des destinées meilleures, et ne plus servir de jouet à la fortune inconstante !

Nous venons d'esquisser l'histoire des principales dominations sous lesquelles la ville d'Annecy s'est trouvée depuis les temps où son histoire commence à être connue ; nous allons dire maintenant quels ont été son régime municipal, les franchises et les libertés dont elle a joui.

IV

Franchises accordées à Annecy par le comte de Genevois Amé III, en 1367. — Organisation du pouvoir municipal à Annecy sous les comtes de Genevois. — Comment la justice y était rendue. — Lois pénales. Impôts.

La société féodale fut définitivement formée à la fin du Xe siècle ; cette société avait pour élément fondamental le simple fief, c'est-à-dire, un domaine possédé par un seigneur à titre de fief et composé d'un château, d'une grande propriété et des paysans nécessaires pour l'exploitation de la terre. Au-dessus des simples possesseurs de fiefs se trouvaient les suzerains. Les comtes de Genevois étaient compris dans ces derniers.

En effet, lorsque Gérold I obtint l'investiture du comté de Genevois, en 1038, il fut créé souverain de tout le pays et des petits fiefs qui s'y trouvaient; il en créa lui-même de nouveaux; ainsi, il fit Oddo de Compey, seigneur de Thorens, vers l'an 1060 (1). Les suzerains accordaient des franchises aux villes et aux bourgades qu'ils possédaient, soit pour les récompenser de services rendus, soit pour les soustraire à la tyrannie des petits seigneurs: c'est ainsi qu'un grand nombre de bourgs en Savoie ont été déclarés *francs* ou *libres*.

Le seul comte de Genevois qui accorda à Annecy des franchises qui nous soient connues, est Amé III, par Lettres Patentes du 3 novembre 1367, signées au château de la Balme. D'après ces franchises, identiques, du reste, à celles qui furent octroyées à d'autres villes à la même époque, lorsque la cité avait prêté le serment de fidélité à son seigneur, celui-ci à son tour devait jurer d'observer les franchises et les libertés de cette ville et de prendre sous sa protection ses citoyens et leurs biens. Toute personne étrangère qui avait habité Annecy pendant un an et un jour sans avoir été réclamée

---

(1) M. Costa de Beauregard, *Familles historiques de Savoie*, p. 3.

par son seigneur, était libre et devait jouir des priviléges attachés à la ville, après avoir juré fidélité à la commune. Elle pouvait dès lors disposer de ses biens à volonté. Si elle mourait *ab intestat,* sa succession passait de droit à ses plus proches parents, et n'était pas exposée à devenir la proie du seigneur. En l'absence d'un légitime successeur, le châtelain faisait un inventaire des biens délaissés et le remettait à deux prud'hommes, élus par le conseil de ville, qui le conservaient pendant un an et un jour. Si dans ce laps de temps un héritier légitime se présentait, tout lui était remis, distraction faite des frais de funérailles; dans le cas contraire, on divisait la succession entre les pauvres et le seigneur, après en avoir prélevé les dettes.

Tout individu qui possédait quelque propriété dans Annecy, devait contribuer aux dépenses publiques ordonnées par le conseil de ville.

Les bourgeois d'Annecy avaient le droit d'élire annuellement quatre citoyens pour le *gouvernement du bien public;* ces quatre officiers municipaux étaient chargés de veiller à l'entretien des promenades publiques, des rues et des places de la ville dont ils étaient les administrateurs.

Les bourgeois avaient encore d'autres prérogatives importantes: ils étaient exempts des impôts extraordinaires; on ne pouvait les saisir dans la ville pour les emprisonner, que lorsqu'ils avaient commis des délits graves; ils ne devaient pas être enfermés dans les prisons des criminels, et ils avaient le droit de donner une caution pour rester libres. On ne pouvait intenter aucun procès criminel à un bourgeois, à moins que le dénonciateur ou l'accusateur n'intervînt lui-même dans la cause et ne donnât une caution suffisante.

Aucune propriété, située dans les limites de la ville, ne pouvait être confisquée pour défaut de paiement des contributions.

Il était défendu au châtelain et aux autres officiers de justice, d'acheter ou de faire acheter pour leur compte des biens meubles ou immeubles vendus à l'encan par voie judiciaire.

Enfin, les franchises d'Amé III posaient les limites suivantes à la ville : 1° les grosses pierres qui se trouvaient à Albigny ; 2° la pierre ronde jadis située sur le chemin de Brogny ; 3° le pont des Hernons ; 4° la fontaine de Perey-Sauzaz et la croix de Nevens.

Ces franchises ne donnaient pas de très grands priviléges aux habitants d'Annecy ; mais à cette époque d'absolutisme, la moindre parcelle de liberté arrachée au pouvoir était une victoire remportée par le peuple ou plutôt par la bourgeoisie ; car, ainsi qu'on le sait, les libertés, sous le régime féodal, n'étaient pas accordées à une nation, à un peuple entier, mais seulement à une classe privilégiée qui s'appelait *bourgeoisie*. Cette classe, intermédiaire entre la noblesse et les serfs, était la plus éclairée de la nation ; la noblesse était toute-puissante quoique ignorante, et les serfs, courbés sous un joug de fer, dépensaient leur vie à nourrir leurs seigneurs. Les habitants de la campagne subissaient des vexations inouïes ; esclaves, ils ne devaient qu'obéir ; assimilés aux bêtes, on sacrifiait leur vie comme on aurait sacrifié celle d'un animal. Mais quelquefois les franchises concédées à la bourgeoisie leur étaient profitables On comprendra donc toute l'importance qu'avaient ces lambeaux de liberté accordées par les hauts seigneurs à leurs villes ; c'était une planche de salut pour les malheureux qui avaient à lutter contre les injustices et les vexations des grands.

Cependant, malgré le despotisme terrible qui était une conséquence des lois féodales et qui pesait sur les populations de la Savoie à cette époque, les villes jouissaient d'institutions municipales relativement plus libérales que celles qui les régirent plus tard sous les ducs de Savoie. Nous en avons des preuves dans l'organisation du pouvoir communal et de l'ordre judiciaire.

Chaque ville ou bourg libre avec sa banlieue formait une commune. Une fois dans l'année, un conseil, composé des chefs de famille, s'assemblait le 1ᵉʳ mai pour élire quatre syndics et le petit conseil, répartir les impositions nécessaires pour les dépenses publiques et statuer sur ce qu'il croyait utile à la commune ; ce conseil était présidé par le Châtelain. Les syndics devaient veiller à la perception régulière des impôts; ils étaient les assesseurs nés des tribunaux du souverain et devaient leur assistance à tous les faibles. Le petit conseil était chargé de veiller à l'exécution des décisions du grand conseil. Telle était l'organisation du pouvoir municipal qui, ainsi qu'on le voit, était établi sur les bases les plus larges, eu égard à l'époque.

Quant à la justice, elle était rendue à Annecy par des officiers du comte, le Bailli et le Châtelain. La charge de Bailli était la première ; elle donnait le droit d'inspection sur les Châtelains. Le Bailli jugeait les causes majeures et le Châtelain celles qui n'avaient que peu d'importance.

Les comtes de Genevois établirent aussi un conseil souverain qu'ils présidaient et qui rendait la justice dans tout le comté. Il y avait encore, en différents endroits, un grand Châtelain ou Vidomne en chef, muni de pouvoirs étendus et surveillant les juges inférieurs.

Les Châtelains n'avaient pas seulement pour emploi de rendre la justice; ils étaient aussi chargés de la garde des places où ils résidaient; ils convoquaient et commandaient en temps de guerre les nobles et leurs vassaux; ils percevaient les revenus des domaines des princes.

Les charges de Bailli et de Châtelain ne se conféraient que pour un an; ceux qui y étaient nommés devaient prêter serment d'être fidèles au prince, de ne violer les droits de personne, de suivre ponctuellement les lois et les usages reçus, de respecter les franchises des villes et de ne pas s'en écarter dans leurs jugements.

Les lois pénales à cette époque étaient, avec des modifications, celles des Bourguignons et des Francs; les peines étaient toutes pécuniaires, sauf pour le cas de meurtre où le souverain pouvait infliger la peine de mort; il avait aussi le droit de faire grâce. La confiscation des biens était prononcée contre les usuriers publics, qui étaient déclarés infâmes et privés de la sépulture.

Nous avons parlé plus haut des impôts; nous devons dire en quoi ils consistaient. Ils étaient de deux sortes: d'abord, ceux qui étaient perçus par le pouvoir municipal et votés par le grand conseil, destinés à couvrir les dépenses à faire dans l'intérêt public ; ensuite, ceux qui étaient perçus en faveur du comte, consistant dans les droits de leide (1) et de péage, dans le droit de toisage sur les maisons, dans le *ban*, soit octroi du vin du mois d'août, dans les amendes portées par le code pénal, et enfin dans la *gabelle* du vin pendant les jours de foire.

Tel a été le régime gouvernemental sous lequel s'est trouvé Annecy pendant la domination des comtes de Genevois.

V

Franchises accordées par Amédée VIII, en 1412. — Confirmation de ces franchises par le duc Louis ; — par Amédée IX ; — par la duchesse Yolande ; — et par Charles I. — Franchises accordées par Janus et par Philippe, comtes de Genevois ; — par Jacques, duc de Genevois-Nemours ; — par Emmanuel-Philibert ; — par Charles-Emmanuel ; — par Victor-Amédée I et par Christine de France. — La justice sous les ducs de Genevois-Nemours. — Du pouvoir municipal sous ces princes. — Annecy dans le XVIIe siècle.

Après avoir acheté le comté de Genevois d'Oddo de Villars, Amédée VIII confirma les franchises d'Annecy ; et comme en 1412 cette ville avait été en partie détruite par un incendie, il accorda de nouvelles libertés à ses habi-

(1) La leide correspondait à ce qu'on appelle aujourd'hui les contributions directes.

tants. Il dispensa les bourgeois de payer les impôts extraordinaires et décréta qu'ils ne pourraient jamais être distraits de la justice de leur ville en première instance; et pour faire renaître la prospérité dans le pays, il facilita l'établissement de diverses manufactures, entre autres d'une fabrique de draps.

Le 28 octobre 1448, le duc Louis confirma aussi les franchises d'Annecy par Lettres Patentes signées à Vignères, et renouvela cette confirmation le 7 février 1457, à Annecy même. D'autres confirmations furent données successivement, le 28 mai 1465, par Amédée IX: le 11 juin 1473, par la duchesse douairière de Savoie Yolande, tutrice du duc Philibert; le 1er octobre 1480, par le duc Charles I, quoique Janus de Savoie fut déjà en possession du comté de Genevois; mais il ne faut pas perdre de vue qu'il ne le possédait qu'à titre d'apanage, et que les ducs de Savoie avaient toujours le droit d'accorder des libertés aux villes et aux bourgs qui s'y trouvaient.

Cependant, Janus voulut aussi favoriser la capitale de son comté. Par Lettres Patentes du 30 avril 1491, il lui accorda plusieurs priviléges. D'après ces Lettres, les bourgeois d'Annecy pouvaient élire un conseil composé de douze membres pour administrer les affaires de la commune, et qui prenait le nom de conseil des élus. Ce conseil des élus, sur une rose de trois bourgeois présentée par les syndics, nommait un *Capitaine* chargé de veiller à la sûreté de la ville et de ses habitants. Celui des trois candidats qui était choisi devait accepter la charge, s'il ne voulait s'exposer à payer une amende de quarante écus d'or, qui se partageaient entre celui qui était élu à sa place et le seigneur du lieu. Le capitaine ne pouvait être nommé que pour un an, mais il était rééligible.

Cette fonction de Capitaine était importante, car outre l'autorité dont ce magistrat se trouvait revêtu en temps de paix, en temps de guerre ou dans un moment difficile, il avait la garde des clés de la ville ; il pouvait établir des postes de gens armés, recruter des soldats, faire emprisonner et punir ceux qui contrevenaient aux lois établies ; enfin il était chargé de faire exécuter tout ce que le conseil des élus ordonnait pour la sécurité de la ville et de ses habitants. Ceux-ci, nobles et bourgeois, étaient obligés de suivre le Capitaine et de lui prêter main-forte toutes les fois qu'ils en étaient requis. Les récalcitrants étaient punis par des amendes qui se montaient à six livres genevoises pour les nobles, et à trois livres seulement pour les bourgeois. Le Capitaine, avant d'entrer en fonction, devait jurer de rester fidèle à son seigneur et à la ville.

Ce privilége d'élire le Capitaine était très important pour Annecy, car, jusqu'alors, tous ces pouvoirs accordés à un bourgeois de la ville, avaient appartenu exclusivement au Châtelain. Ainsi, le comte Janus se désistait d'une partie de son autorité en faveur de ses sujets sans y être contraint. Exemple assez rare dans l'histoire pour qu'on n'oublie pas de le noter.

Janus de Savoie, par les mêmes Lettres Patentes, permit qu'il y eût à Annecy quatre grandes foires par année ; elles devaient avoir lieu, la première, le lundi après Pâques ; la seconde, le lundi après la fête de sainte Magdeleine ; la troisième, le lundi après la fête de saint Michel, et la quatrième, le lundi après la fête de saint André. Chacune de ces foires durait trois jours et était *franche*. Les personnes qui venaient à Annecy à ces différentes époques ne pouvaient être inquiétées en aucune manière, soit pour dettes, soit pour d'autres causes civiles, à moins qu'il ne fût question de *deniers fiscaux*.

Ces franchises furent confirmées la même année par la duchesse Blanche, tutrice du duc Charles II; par Philippe II, duc de Savoie, le 31 octobre 1496; par le duc Philibert II le 25 janvier 1498; par Charles III le 2 décembre 1504.

En 1515, une année après que Philippe de Savoie eût reçu le comté de Genevois en apanage, ce prince confirma les franchises d'Annecy et, en même temps, autorisa le pouvoir municipal à augmenter d'une maille (un demi-denier), par livre de chair, l'impôt qui se payait sur la viande de boucherie; il ordonna aussi que le blé qui se portait au moulin fût pesé au poids public et payât deux deniers par coupe pour ce pesage. Ces impôts devaient être perçus au bénéfice de la commune.

En 1556, Charlotte d'Orléans, duchesse de Nemours et comtesse douairière de Genevois, signa quelques ordonnances ayant rapport à l'entretien des murailles de la ville.

En 1562, Jacques de Genevois-Nemours confirma à son tour les franchises d'Annecy et accorda aux syndics quelques pouvoirs qu'ils n'avaient pas auparavant. Ainsi, il leur permit d'imposer des peines pécuniaires à ceux qui contreviendraient à leurs ordonnances; ces amendes ne pouvaient dépasser vingt-cinq livres genevoises et devaient être employées à réparer les murailles de la ville.

L'année suivante, les syndics d'Annecy adressèrent une requête à Emmanuel-Philibert pour faire confirmer leurs franchises et approuver quelques articles additionnels. Le duc de Savoie leur accorda ce qu'ils demandaient. En conséquence, ils obtinrent que ceux qui seraient élus syndics devraient accepter cet emploi, sous peine de payer cent livres d'amende; que l'on ne pourrait placer sous les arcs des portiques que des traiteaux portatifs et non des bancs fixés en terre, ainsi que quelques marchands l'avaient fait.

Par les mêmes franchises, les syndics, comme administrateurs, avaient droit de connaître de la discipline intérieure du collége, etc.

En 1600, Charles-Emmanuel confirma ces franchises et approuva quelques articles ayant rapport à la police de la ville, sur la demande du conseil d'Annecy.

Victor-Amédée I, par Lettres Patentes de l'année 1633, dispensa les habitants d'Annecy de toutes impositions extraordinaires, ainsi que l'avaient déjà fait quelques-uns de ses prédécesseurs. Il accorda ce privilége pour dix ans, mais il fut dérogé à cette exemption en 1635, et les syndics d'Annecy adressèrent à la régente Christine de France, tutrice du duc François-Hyacinthe, une requête pour obtenir de nouveau la concession de cette faveur. La régente accéda à leur demande par Lettres Patentes du 7 février 1638.

Toutes ces franchises dont nous venons de parler, et qui ont été données à Annecy dès l'année 1514, par les ducs de Savoie et de Genevois-Nemours, ont été signées pendant que cette ville appartenait à ces derniers. Ces ducs, ainsi que nous l'avons vu plus haut, s'éteignirent en 1659, dans la personne de Henri II de Nemours, et leur duché rentra dans le domaine de la Maison de Savoie. Avant de parler des franchises accordées à Annecy par les princes de Savoie, dès l'année 1659, nous devons donc mettre sous les yeux du lecteur les différentes institutions qui existaient dans la capitale du Genevois sous les ducs de Nemours.

Sous ces princes, la justice était rendue à Annecy, en leur nom, par un juge-mage. On appelait des sentences de ce juge par devant le conseil de Genevois, composé d'un président, d'un chevalier, de deux *collatéraux*, d'un avocat et d'un procureur-fiscal. Les jugements de ce conseil étaient réformés par le sénat de Savoie. Il n'est pas inutile de rappeler que ce tribunal eut à sa tête, de 1596 à 1610, pendant quatorze ans, l'illustre jurisconsulte Antoine Favre.

Il y avait aussi à Annecy une Chambre des Comptes pour le Genevois. Elle fut composée primitivement de deux Maîtres des Comptes, d'un bailli, d'un avocat et d'un procureur du domaine; ensuite, au lieu de deux Maîtres des Comptes, il y en eut trois. Quant à ce qui regardait les princes de la Maison de Savoie, il y avait un officier nommé par eux, indépendant des ducs de Nemours, chargé de juger les différends qui s'élevaient au sujet de leurs domaines. Les ducs de Nemours avaient un receveur qui retirait les revenus de leur apanage.

Le juge-mage, le conseil du Genevois, la Chambre des Comptes siégeaient dans les bâtiments de l'ancienne prison, que l'on appelle encore aujourd'hui *Palais de l'Isle*. Cette espèce de château avait appartenu à la famille de Monthoux et fut vendu à Jacques de Nemours, qui l'acheta pour y placer les bureaux des administrations.

Pendant un certain temps, la noblesse fut écartée du conseil et du syndicat; mais en 1634, Anne de Lorraine, duchesse de Nemours et mère de Charles-Amédée, cinquième duc de Genevois, étant venue à Annecy, les nobles se plaignirent à elle de l'exclusion dont ils étaient frappés; elle ordonna alors que dorénavant on nommerait six nobles, dont l'un, tous les ans, serait premier syndic.

Dès cette époque, le pouvoir municipal, à Annecy, fut composé : 1° de quatre syndics, dont le premier était noble, le second avocat, le troisième procureur et le quatrième notable, soit bourgeois, rentier, ou notaire, etc. L'un de ces quatre syndics était nommé juge de police, avec deux cents francs d'appointement; 2° de vingt-quatre conseillers, dont six nobles, six avocats, six procureurs et six notables; 3° d'un secrétaire; 4° d'un avocat et d'un procureur de ville.

La charge de Capitaine, créée par Janus de Savoie, existait encore; elle était remplie par un ex-syndic noble.

Bien que quelques princes de Savoie eussent aboli les droits de leide et de péage, cependant il existait, sous les ducs de Nemours, un impôt perçu par le seigneur sur les blés qui se vendaient à la halle d'Annecy. Ainsi, nous voyons Jacques de Savoie, duc de Nemours, céder au chapitre de la Collégiale, par acte du 4 mars 1565, tous les droits qu'il pouvait avoir pour la *leide* des grains, moyennant quatre cents écus d'or, à condition que cette imposition ne serait pas perçue aux quatre grandes foires franches, et qu'il pourrait racheter ces droits moyennant mille écus d'or. Le chapitre de la Collégiale a perçu cet impôt jusqu'à la Révolution (1).

Au milieu du XVIIe siècle, Annecy était composé de quatre cent douze maisons, renfermant neuf cent quatre-vingt-dix-sept ménages (2). A cette époque il y avait des fabriques de couteaux, d'épées, de canons, de mousquets, de clous; une papeterie, des tanneries, etc. Ainsi, il y a deux cents ans, Annecy avait déjà atteint un certain degré d'importance; quoique peu étendu, son commerce florissait, et ce développement hâtif était bien le signe que plus tard la capitale du duché de Genevois serait la ville la plus industrielle de la Savoie.

VI

Ordonnances des princes de Savoie dès 1659. — Centralisation. — Annecy sous la République française, sous les rois de Piémont, sous l'Empire.

Dès 1659, les princes de la Maison de Savoie rendirent plusieurs ordonnances, soit au sujet du pouvoir municipal, soit au sujet des franchises d'Annecy.

---

(1) Voici quelles étaient les bases de la perception de cet impôt : on prélevait sur un *quart* de froment, une grande *cuillerée* de grains; sur deux *quarts*, deux *cuillerées*; et sur trois *quarts* et une *coupe*, trois *cuillerées*. (*Archives de la ville.*)

(2) Suivant un manuscrit du XVIIe siècle.

En 1678, Jeanne de Genevois-Nemours, tutrice de Victor-Amédée II, ordonna que le nombre des conseillers de cette ville serait de vingt-huit ; successivement elle décida que ces vingt-huit conseillers seraient élus à vie. On se rappelle que déjà, sous les ducs de Nemours, le conseil était composé de vingt-quatre conseillers et de quatre syndics, ce qui portait le chiffre total à vingt-huit, le même qui est fixé par l'ordonnance de Jeanne de Genevois-Nemours. Mais il paraît que la corruption et la cabale avaient considérablement augmenté ce nombre ; tellement, que le conseil d'Annecy lui-même réclama la réforme ordonnée par la tutrice de Victor-Amédée II. Dès lors le nombre des conseillers fut invariablement fixé à vingt-huit, dont six nobles, dix gradués, six procureurs et six notables, outre l'avocat et le procureur de ville, tous élus à vie. Nous pouvons voir, par cette ordonnance de la princesse Jeanne, qu'à cette époque le principe absolu avait déjà remplacé la liberté dans le régime gouvernemental de la Savoie. En effet, un conseil de ville dont les membres sont élus à vie ne peut exister que sous le règne de l'absolutisme.

En 1697, Victor-Amédée II confirma toutes les franchises d'Annecy, exempta ses habitants de toutes impositions extraordinaires et posa les limites des impositions ordinaires.

Nous ne pousserons pas plus loin nos recherches sur les franchises qui ont été accordées à Annecy, parce que dès le commencement du XVIIIe siècle ces priviléges n'eurent plus autant d'importance que dans les siècles précédents. La centralisation s'opéra insensiblement, et les villes finirent par obéir toutes aux mêmes lois. La féodalité, frappée à mort par la royauté, disparut peu à peu ; mais certains priviléges de la noblesse et du clergé furent conservés intégralement. La Savoie dès lors, comme le reste des Etats, gémit sous un régime des plus absolus. Les princes de Savoie frappèrent la féodalité pour attirer à eux tous les pouvoirs ; les libertés des villes ne furent plus respectées ; la volonté du souverain remplaça les lois. Puis la Révolution française arriva, qui engloutit dans le même gouffre les corps privilégiés de l'Etat et la royauté elle-même.

Lorsque la ville d'Annecy rentra dans le domaine direct des ducs de Savoie, en 1659, elle fut assimilée aux autres villes pour les institutions gouvernementales. Elle devint le siége d'un conseil présidial avec un juge-mage et un avocat-fiscal. Quelques années après que le Genevois eût fait retour à la Maison de Savoie, les membres de ce conseil prétendirent avoir le pas sur les conseillers de ville dans les cérémonies publiques, et voulurent s'arroger le droit de contresigner les ordonnances du pouvoir municipal. La question fut soumise au Sénat qui, le 2 avril 1661, ordonna que dorénavant le juge-mage, ou son lieutenant, ou encore l'avocat-fiscal, assisterait aux séances générales du conseil de ville ; que le juge-mage n'aurait aucune supériorité sur le pouvoir municipal ; que celui-ci avertirait le juge-mage chaque fois que l'on battrait la caisse pour faire prendre les armes à la bourgeoisie ; enfin que le conseil de ville pourrait tenir des assemblées particulières et faire publier ses ordonnances sans la participation du juge-mage.

Dans le XVIIIe siècle, Annecy, comme on l'a

vu plus haut, subit plusieurs fois le sort des vaincus. Il fut administré en pays conquis, de 1703 à 1713, par les Français, et de 1742 à 1748, par les Espagnols. A la fin du siècle, la Révolution française vint changer de nouveau les destinées de notre pays. Mais alors la Savoie ne fut pas conquise, elle se donna.

Les troupes françaises entrèrent en Savoie le 25 septembre 1792, et le mercredi suivant 26, il arriva à Annecy environ 600 hommes du 3me bataillon des Landes, sous les ordres du lieutenant-colonel Barthe.

Lorsque les armées de la République pénétrèrent en Savoie, l'esprit de liberté se réveilla chez les hommes d'intelligence ; mais ceux que le régime absolu avait gâtés par les faveurs et le pouvoir, n'étaient pas disposés à échanger les principes sur lesquels s'étayait leur puissance, contre ceux de la révolution de 1789, qu'aucun pouvoir ne peut se dispenser d'invoquer aujourd'hui. Les habitants des campagnes mêmes, excités par les castes privilégiées de l'ancienne société, opposèrent une certaine résistance aux lois républicaines.

Cependant, les idées libérales progressèrent rapidement. Les citoyens appelés à composer les pouvoirs municipaux avaient embrassé franchement la République. Des sociétés populaires furent établies dans tous les districts ; elles surveillaient l'exécution des lois et avaient aussi pour mission de réveiller l'esprit public, en communiquant leur énergie et leurs lumières à leurs concitoyens. Celle qui existait à Annecy se faisait remarquer par sa modération et son patriotisme éclairé.

Lorsque le gouvernement révolutionnaire fut

décrété à Paris, l'Assemblée nationale envoya, dans toutes les parties de la France, des représentants chargés d'inaugurer ce nouveau et terrible régime qui, plus tard, devait être fatal à ses propres soutiens. Le représentant du peuple Albite fut envoyé en mission dans les départements de l'Ain et du Mont-Blanc, où il se rendit célèbre par ses actes révolutionnaires.

Ce représentant, par décret du 10 floréal de l'an II de la République, changea complètement le personnel des administrations d'Annecy, afin de le mettre en harmonie avec les nouveaux principes Mais grâce au bon esprit qui a toujours animé la population d'Annecy, le sang des citoyens ne teignit pas l'échafaud, bien qu'Albite eût donné des ordres très sévères aux agents nationaux par la circulaire qu'on va lire :

« CITOYENS,

« C'est par la plus perfide inertie que la plupart
« des hommes, à qui le peuple a jusqu'à ce jour
« confié ses plus chers intérêts, ont trompé trop
« longtemps ses espérances C'est avec le mot
« de *loi* qu'ils ont anéanti la loi ; c'est à l'a-
« bri de son voile qu'ils l'ont trop souvent poi-
« gnardée ; c'est sous le manteau de la res-
« ponsabilité qu'ils ont échappé à la responsabi-
« lité.

« Le temps des erreurs politiques est passé ;
« une trop funeste indulgence n'est plus à l'or-
« dre du jour. Le gouvernement révolutionnaire
« est décrété : il s'établit ; il faut qu'il marche
« rapidement vers son but. Vous êtes ses princi-
« paux agents ; remplissez-vous vos devoirs en
« vrais sans-culottes ? Il faut le prouver. Je
« vous demande compte de votre zèle, de vos

« travaux et de l'exécution détaillée, pleine
« et entière, des divers arrêtés et mesures de
« salut public que j'ai confiés à votre diligence
« et à votre patriotisme. Celui que vous ren-
« drez déterminera le degré de confiance et d'es-
« time qui doit vous être accordé, ou le de-
« gré de responsabilité que vous aurez encouru.
« Citoyens! le compte que je vous demande
« concerne non seulement l'exécution de cha-
« cun des arrêtés que je vous ai fait parve-
« nir, mais encore chacune de leurs disposi-
« tions. Si votre conduite et votre zèle sont tels
« qu'on doit les attendre d'hommes dévoués
« aux intérêts du peuple et à son bonheur,
« je vous jure fraternité sincère et amitié ci-
« vique. Je me déclare d'avance l'ennemi ir-
« réconciliable de celui d'entre vous qui au-
« rait pu oublier ses devoirs et négliger de
« consacrer tous ses efforts au maintien de la
« Liberté et de l'Egalité et à l'affermissement
« de la République une, indivisible et démocra-
« tique. »

Cependant, malgré la modération qui présidait à tous les actes des autorités d'Annecy, deux hommes périrent victimes d'un guet-apens et plusieurs autres furent arrêtés et emprisonnés. Quelques-uns de ceux-ci s'étaient rendus coupables en entretenant des correspondances avec les émigrés, et en cherchant à soulever les populations contre la République ; ils avaient même provoqué une émeute à Annecy. Mais la plupart n'avaient rien fait qui pût les compromettre ; ils n'étaient que suspects.
Sous des ordres aussi impératifs que ceux qui avaient été donnés par Albite, on devait s'atten-

dre à des actes révolutionnaires bien plus violents.

Après la chute du gouvernement de la Terreur, le représentant du peuple Bion, en mission dans le département du Mont-Blanc, signa un décret par lequel quatorze citoyens de ce département devaient être arrêtés et emprisonnés dans le château d'Annecy, comme partisans de la Terreur, et vingt-un autres mis en état d'arrestation domiciliaire ou placés sous la surveillance des autorités. Dans le nombre se trouvaient quatre citoyens d'Annecy.

Quelque temps après le 9 thermidor, les députés du Mont-Blanc écrivirent aux agents nationaux pour avoir la liste de tous les détenus Leur lettre commençait ainsi : « La justice « est à l'ordre du jour. Le crime et l'erreur « ne doivent plus être confondus; il faut punir « l'homme coupable et s'empresser de connaître « et soulager celui qui n'a été qu'égaré par « l'ignorance et l'erreur. » Les députés du Mont-Blanc voulaient faire mettre en liberté les détenus sur lesquels ne pesait aucun chef important d'accusation.

Grâce à cette noble initiative, de quarante-six prisonniers politiques qui se trouvaient à Annecy, quatorze furent mis immédiatement en liberté ; les autres furent relâchés plus tard.

Dès cette époque les idées révolutionnaires s'évanouirent peu à peu en France ; fatiguée des secousses terribles qui l'avaient ébranlée, la nation française sentait le besoin de voir renaître un peu de calme à l'intérieur pour faire mûrir les principes nouveaux enfantés par la Révolution et destinés à faire le tour du monde :

la *furia francese* ne déborda plus que sur les champs de bataille.

Sous la République et l'empire français, la ville d'Annecy était une sous-préfecture du département du Mont-Blanc. A la Restauration, notre pays ayant été restitué au roi de Sardaigne, elle devint le siége d'une intendance provinciale et fut dotée de nouveau d'un conseil de ville dont les membres étaient nommés à vie. Le pouvoir absolu revint plus violent que jamais et la *science certaine* des commandants militaires fut la seule loi en vigueur jusqu'en 1848.

A cette époque, pour des motifs politiques que nous n'avons pas à apprécier ici, Charles-Albert, le régent constitutionnel de 1821, secoua enfin le joug de l'Autriche, donna une constitution à ses Etats, et la liberté sourit de nouveau à nos vallées. Annecy devint le chef-lieu d'une division administrative comprenant les provinces du Genevois, du Faucigny et du Chablais

Enfin, ensuite des événements politiques qui ont agité l'Europe en 1859, la Savoie ayant été réunie à la France, ainsi que nous l'avons déjà dit, Annecy est devenu le chef-lieu du département de la Haute-Savoie.

VII

Histoire militaire. — Massacre des Espagnols. — Résistance d'Annecy en 1537. — Entrée de Henri IV en 1600. — Capitulation d'Annecy, en 1630. — Siége d'Annecy, en 1703. — Siége du château par les Allemands, en 1709. — Combats livrés dans la ville et ses environs, en 1814. — Incendies, inondations et peste.

A différentes époques, Annecy a été le théâtre de plusieurs événements remarquables qui se rattachent soit à son histoire particulière, soit à l'histoire générale de la Savoie.

Annecy a eu son jour de massacre dont le souvenir s'est perpétué jusqu'à nous ; mais l'histoire n'a pas conservé la date précise de cet événement ; ce n'est qu'une tradition qui a passé de père en fils et qui n'est appuyée sur aucun document.

C'était lors d'une occupation de la Savoie par les troupes du roi d'Espagne. Une garnison espagnole occupait Annecy, où elle se conduisait comme toute troupe indisciplinée qui se trouve dans un pays conquis. Les soldats formant ce corps d'occupation commirent tant d'excès, tant de cruautés, que les Anneciens, las d'un joug aussi odieux, formèrent le dessein de massacrer cette garnison barbare. Pour cela, ils arrêtèrent qu'à un jour fixé, avant le lever de l'aurore et au cri d'*empataz* (1), chaque habitant égorgerait les soldats espagnols qu'il était obligé d'héberger. A l'heure indiquée, ceux-ci tombèrent sous les coups des citoyens d'Annecy, et rougirent de leur sang les lieux qu'ils avaient souillés de leurs orgies.

Quelques-uns de ces soldats, grâce à une fille d'auberge, parvinrent à échapper à la mort et se réfugièrent dans la montagne contre laquelle Annecy est adossé ; ils se fixèrent dans un petit vallon situé au-dessus du roc de la Puya et qu'on appelle aujourd'hui encore *Les Espagnoux*. La paix étant survenue, ils ne songèrent pas à rentrer dans leur patrie : ils se bâtirent quelques cabanes et s'allièrent à des familles d'Annecy. Il existe encore aux Espagnoux une famille qui porte le nom de Molino.

Tel est le récit succinct de cet événement qui, ainsi que nous l'avons dit, ne repose sur aucun document connu. Il serait même difficile de lui assigner une date quelconque ; car, malgré nos recherches minutieuses, nous n'avons trouvé aucun titre qui fasse connaître qu'Annecy ait été occupé par les troupes espagnoles avant 1742 (2). Si leur massacre avait eu lieu à cette époque, l'on aurait sur ce fait des notions certaines ; d'un autre côté, des titres provenant de la famille Molino et qui portent la date de 1627, prouvent incontestablement que

(1) *Empataz* est un mot patois qui signifie *pétrissez*, et dont on se servait pour avertir les habitants, à l'aube, de préparer leurs pains pour les porter au four public.

(2) Ce fut le 6 octobre 1742 que le premier détachement espagnol, composé de 60 hommes, entra à Annecy et occupa le château.

le massacre a dû être antérieur au xviie siècle. Malheureusement, si l'on sait que les Espagnols ont occupé à plusieurs reprises le Piémont, rien ne prouve qu'ils aient envahi aussi souvent la Savoie.

Les *Vêpres annéciennes* ne peuvent donc être admises comme un fait authentique, et nous n'en parlons que par déférence pour la tradition qui a aussi ses droits acquis dans l'histoire.

Plusieurs fois les citoyens d'Annecy montrèrent un grand courage en défendant leur ville contre les troupes des puissances en guerre avec les princes de Savoie. Ainsi, en 1537, dans la guerre que le duc de Savoie Charles III eut à soutenir contre le roi de France, un corps de troupes ennemies, qui avait été battu à Conflans, se replia sur Annecy. Les habitants prirent les armes, et, après un combat acharné, parvinrent à le chasser hors des murs de la ville.

En 1630 (1), sous le règne de Charles-Emmanuel I, et pendant la guerre pour la succession du Montferrat, Louis XIII avait envahi la Savoie. Le maréchal de Châtillon se dirigea sur Annecy pour l'assiéger. Les Annéciens, après avoir fait acte de résistance, voyant qu'ils ne pouvaient espérer de repousser l'ennemi, capitulèrent, mais sous les conditions suivantes :

---

(1) Trente années auparavant, le 5 octobre 1600, Henri IV s'empara d'Annecy sans rencontrer de résistance de la part des habitants. Il fit son entrée dans la ville vers les cinq heures du soir, accompagné de ses généraux. L'armée campa en dehors des murs. Le *bon* roi repartit quelques jours après. La chronique rapporte qu'il trouva *le séjour d'Annecy agréable et les habitants enjoués.*

1° Que l'on ne pourrait exercer dans Annecy et dans toute la province du Genevois, que la religion catholique, apostolique et romaine ;

2° Que les droits du duc de Nemours seraient conservés ;

3° Que les magistrats continueraient à jouir de leurs emplois et à juger suivant les lois du pays ;

4° Que le corps du *vénérable François de Sales* ne pourrait jamais être déplacé ni porté hors d'Annecy.

5° Que les nobles et les bourgeois jouiraient de leurs propriétés et de leurs priviléges ;

6° Qu'on ne recevrait dans la ville que le roi et sa cour, et que l'armée resterait campée hors des murs d'enceinte et des faubourgs.

Après la capitulation de la ville, Louis de Sales, qui commandait un corps de troupes piémontaises et qui s'était retiré dans le château, capitula aussi et sortit d'Annecy avec tous les honneurs de la guerre (1).

En 1705, lors de la guerre pour la succession d'Espagne, les Français envahirent de nouveau la Savoie. Le marquis de Sales, qui commandait les troupes piémontaises réunies à Chambéry, abandonna cette ville à l'approche de l'ennemi, ne se sentant pas assez fort pour résister. Il détacha de ses troupes le régiment de Genevois, commandé par le comte Descotes, et celui de Tarentaise, sous les ordres de M. d'Albert, pour aller occuper Annecy et tâcher de le défendre contre toute agression des Français.

Après le départ des troupes piémontaises de

---

(1) V. Grillet, art. *Annecy*; extrait de l'original déposé dans les archives de Sales, en 1791.

Chambéry, le maréchal de Tessé, qui commandait le corps d'armée française en Savoie, s'empara de cette ville et ordonna à M. de Vallières, maréchal de camp, de marcher sur Annecy avec trois mille hommes et quelques pièces d'artillerie. M. de Vallières arriva à sa destination dans la nuit du 13 au 14 décembre. Il occupa aussitôt le faubourg du Sépulcre qui n'était pas gardé, les deux régiments envoyés par M. de Sales s'étant postés sur les murailles de la ville pour mieux la défendre. Dans la journée du 14, les Français s'emparèrent des dernières maisons attenantes à la porte Sainte-Claire et les pillèrent impitoyablement. Ensuite ils entourèrent la ville pour la prendre d'assaut.

Les commandants des troupes piémontaises, voyant que toute résistance était inutile, se retirèrent vers Faverges, pour aller rejoindre le marquis de Sales qui se trouvait près de Conflans; un des officiers, M. de Montpiton, emporta les clés de la ville. Cette circonstance faillit faire mettre Annecy à feu et à sang, ainsi qu'on va le voir.

Comme le feu avait cessé du côté des assiégés, les Français s'avancèrent dans le faubourg du Sépulcre en ordre de bataille, ayant à leur tête deux grosses pièces d'artillerie; en même temps, M. de Marcilly marcha contre la porte de Bœuf avec son régiment. M. de Vallières, voyant que la place ne se rendait pas, ordonna le feu sur tous les côtés. Pendant ce temps, les habitants d'Annecy, qui n'avaient pas l'intention de résister, voulurent ouvrir les portes pour ne pas exaspérer les Français et épargner le pillage à leur ville; mais grande fut leur consternation lorsqu'ils découvrirent que les clés avaient disparu. Les Français continuaient leur attaque, n'entendant pas la chamade que l'on battait dans Annecy et croyant que les troupes piémontaises se trouvaient toujours dans l'intérieur de la ville.

Un serrurier voulut faire sauter les serrures de la porte de Sainte-Claire mais il en fut empêché par les boulets ennemis qui perçaient la charpente de part en part. L'épouvante avait saisi les Anneciens et ils s'attendaient à être pillés et massacrés, lorsque tout-à-coup le feu des assiégeants se ralentit. Voici ce qui était arrivé : Un religieux de l'ordre des Cordeliers, voyant le danger imminent dans lequel se trouvait Annecy par suite d'une malheureuse circonstance, et n'écoutant que son courage, était sorti de la ville, au risque d'être tué, et était allé exposer à M. de Vallières la triste situation des habitants : il lui dit que les troupes piémontaises s'étant éloignées ceux-ci ne demandaient pas mieux que de se rendre, mais qu'il n'avaient pu ouvrir les portes parce qu'on en avait soustrait les clés. Ce fut alors que M. de Vallières ralentit le feu de ses troupes. Peu d'instants après, quelques bourgeois parvinrent à faire sauter les serrures de la porte de Bœuf et laissèrent entrer M. de Marcilly qui, immédiatement, avertit le maréchal que la place lui était ouverte. Celui-ci fit cesser le feu partout et entra dans Annecy à la tête de sa petite armée. Il rencontra l'évêque de Bernex, accompagné des syndics et de la noblesse, qui le pria d'épargner la ville et de faire en sorte que les soldats ne se livrassent à aucun excès. M. de Vallières promit que les propriétés des habitants seraient respectées, et il tint parole.

Comme on le sait, les Français occupèrent la Savoie jusqu'en 1713. Pendant l'espace de dix ans ils eurent plusieurs rencontres avec les troupes piémontaises ou allemandes. En 1709, le 29 juillet, un corps de troupes françaises fut battu par un détachement allemand, près d'Albertville ; ce petit avantage remporté par les Allemands ouvrait à ces derniers la route d'Annecy. Aussi ils en profitèrent, et le 18 du mois d'août ils se présentèrent devant cette ville. A leur approche, M. de Vallières, qui commandait encore les troupes françaises cantonnées à Annecy, se retira dans le château, décidé à soutenir un siége.

Le général de Songen, commandant du corps allemand, disposa ses troupes pour l'attaque du château. Un bataillon fut chargé de s'emparer des postes qui se trouvaient dans un endroit appelé le Grand-Jardin ; un corps de Prussiens reçut l'ordre d'occuper le devant du château, près de l'église de Saint-Maurice (1), du clocher de laquelle il s'empara pour faire feu depuis les fenêtres ; un autre corps de Prussiens eut pour mission de s'emparer des jardins et des maisons qui se trouvaient près de la grande tour ; la direction du siége fut confiée au comte Daun, frère du maréchal de ce nom.

Ces mesures prises, le général allemand somma M. de Vallières de se rendre. Celui-ci répondit qu'il était décidé à se défendre jusqu'à la dernière extrémité, et ouvrit aussitôt un feu

---

(1(L'église de Saint-Maurice était située près du château. Une des rampes qui conduisent à ce dernier porte encore aujourd'hui le nom de *Côte Saint-Maurice*.

terrible sur les assiégeants qui, alors, commencèrent l'attaque du château. La journée se passa dans un feu continuel de part et d'autre.

Le lendemain, l'action recommença avec vigueur, « de telle sorte, dit l'auteur d'un mémoire
« sur ces événements (1), qu'il n'y avoit plus
« aucune sureté de passer sur le pont de la
« Hasle, sur le pont Morand ; on risquoit sa
« vie dans la Visitation et dans les fenestres qui
« visent du côté du chateau ; on ne pouvoit avoir
« une communication libre entre le quartier
« Sainte-Claire et le reste de la ville de là les
« ponts, qu'en passant sur celuy de la Bou-
« cherie où mesme on risquoit d'essuyer quel-
« ques coups de fusils tirés du chateau qui don-
« noient dans la palissade qui est à l'extrémité
« du pont des moulins de Sainte-Catherine.
« Le danger en un mot estoit grand dans tous
« les quartiers de la ville qui sont à la vüe
« du chateau. » Cette journée se passa encore sans action décisive. Le général de Songen, voyant qu'il fallait en venir à des mesures plus énergiques, prit la résolution de faire jouer une mine pour ouvrir une brêche dans les murailles du château, malgré les remontrances des autorités de la ville qui craignaient avec raison que l'explosion n'ébranlât les quartiers voisins.

Le lendemain la mine fut creusée sous la

---

(1) M. l'avocat Ruffard, alors avocat de ville à Annecy. En 1714, il composa un mémoire sur les événements qui se passèrent dans cette ville dès l'entrée des Français en Savoie ; ce mémoire est inséré en entier dans le tome L des délibérations du Conseil municipal d'Annecy.

grande terrasse du château ; cette terrasse était la partie qu'il importait de détruire, parce que les soldats français qui y étaient postés faisaient beaucoup de mal aux assiégeants.

Cependant la nouvelle que M. de Songen allait faire sauter le château s'était répandue avec rapité dans Annecy et avait semé l'épouvante parmi les habitants; mais leurs craintes furent bientôt calmées. M. de Vallières, ayant appris la détermination de l'ennemi et voyant que ses soldats commençaient à se décourager, fit battre la chamade et demanda à capituler. M. de Songen lui accorda pour seule satisfaction, que lui et ses soldats ne seraient ni fouillés ni dépouillés. Le général français accepta ces conditions et se rendit.

Tels sont les principaux faits de l'histoire militaire d'Annecy jusqu'aux guerres de l'Empire.

En 1814, lors de la première invasion de la France par les alliés, Annecy vit plusieurs fois des combats se livrer sous ses murs.

Les Autrichiens avaient envahi la Savoie et occupaient déjà quelques postes importants dans cette contrée. Le général Dessaix, bien que retenu à Thonon par ses blessures, n'écouta que son courage, reprit son épée, fit une levée en masse en Savoie et organisa une petite armée. Il ordonna au général Serrant, qui servait sous ses ordres, de marcher sur Annecy pour en prendre possession ; la colonne commandée par Serrant était composée de 1500 hommes environ Elle rencontra les Autrichiens à Alby et les força de se replier sur Annecy dont ils occupèrent le château ; Serrant les en délogea et les poursuivit jusqu'au pont de Brogny ; la nuit mit fin à cette série de combats qui avait commencé le matin même (24 février).

Le 26, le général Serrant reçut l'ordre de s'emparer de Brogny et de poursuivre les Autrichiens jusqu'au pont de la Caille. En conséquence, il partit d'Annecy à la tête de ses soldats et sans coup férir se rendit maître de Brogny. Les Autrichiens se retirèrent vers la Caille, au nombre de deux mille cinq cents, avec quatre pièces de canon La petite armée de Serrant, quoique inférieure en forces, parvint une seconde fois à mettre l'ennemi en déroute et le poursuivit presque jusqu'à Genève.

Le mois suivant, le général autrichien Klébelsberg voulut tenter de regagner le terrain que ses troupes avaient perdu. Il se mit donc à la poursuite des Français et les poussa jusqu'à Alby. Arrivé près de ce village, le général Serrant, harcelé par le général Zeichmeister, fit volte-face, reprit l'offensive et rentra pêle-mêle avec les Autrichiens dans Annecy. Après quelques coups de fusil tirés dans les rues de cette ville, la colonne française reprit l'avantage, culbuta l'ennemi dans le Fier au pont de Brogny, et le poursuivit jusqu'à la Caille après lui avoir enlevé trois cents hommes.

Le 27 mars, les troupes françaises quittèrent Annecy et se replièrent sur les routes de Chambéry, de Faverges et des Beauges ; le général Serrant se dirigea sur cette dernière contrée. Le même jour, à trois heures après midi, des hussards autrichiens suivis de près par 3,600 hommes d'infanterie, commandés par le général Zeichmeister, firent leur entrée à Annecy. Ils campèrent au Pâquier et coupèrent vingt-cinq tilleuls de la promenade pour leur chauffage ; dans la nuit, ils pillèrent la ville et partirent le lendemain à midi en suivant les troupes françaises.

Outre ces différents évènements, que nous avons fait passer rapidement sous les yeux du lecteur et qui forment ce que nous avons appelé l'histoire militaire d'Annecy, il est d'autres faits que nous devons citer, parce qu'ils sont de ceux qui laissent une profonde impression dans l'esprit des populations.

L'histoire nous apprend qu'à trois époques différentes, le feu fit de grands ravages dans Annecy : le 5 février 1412, le 12 mai 1448 et le 28 août 1559. Cette dernière fois ce fut à un ouvrier ferblantier, qui travaillait sur le toit du clocher de l'église de Notre-Dame, que la ville dût d'être à moitié consumée (1).

(1) On lisait à ce sujet dans le livre capitulaire de Notre-Dame, an 1559, page 74 :

« Die 28 augusti anni 1559, cum tectum pinæ campanilis ecclesiæ Beatæ Mariæ Lætæ repararetur (erat enim ingens congeries tignorum, atque in altum longè ducebatur, cooperiebaturque albo ferro, trinoque ordine admodum corronæ exacta erat, tantæque altitudinis erat congeries tignorum atque lignorum ut turris muratæ altitudinem æquaret), faber qui propterea ignem quo ferrum stamno simul jungeret portaverat, sub meridie descendens ignem incautus reliquit, atque ita modica favilla ignem ascendit. Vigebant tunc ingentes calores, terraque siccitate premebatur, alveique oppidi Annessiaci sicci erant excepto alveo qui medium oppidum perfluit. Quo fit ut hora tertia post meridiem ignis summitatem pinæ inusserit, neque extingui pro aquæ penuria et difficultate accessus potuit, totamque pinam et turrem ac campanas in ea positas (erant enim quinque optimi concentus concordes et horologium elegans) tectumque ecclesiæ contiguæ absumpsit, parumque abfuit quin totum oppidum conflagrarit. Horrendum erat spectaculum cum ignis intra horas tres omnia absumpserit. Ex quo omnes judicabant prodigium gravis rei futuræ esse. » *Extrait de notes manuscrites du chan. David.*

Annecy fut inondé en 1711 ensuite de pluies très abondantes qui firent fondre les neiges. Tous les quartiers de la ville furent submergés, ceux de Sainte-Claire et du Sépulcre exceptés Une tour, qui se trouvait derrière l'église des Cordeliers, s'écroula dans le canal avec un bruit terrible et intercepta le cours de l'eau qui se répandit avec rapidité dans toute la ville.

Les syndics assemblèrent tous les maîtres maçons et les architectes pour aviser aux moyens de modérer la fureur des eaux. Il fut décidé dans ce conseil, que l'on abattrait tous les bâtiments qui gênaient l'écoulement du lac à travers la ville. Les habitants se mirent aussitôt à l'œuvre, et, dans quelques heures, les canaux furent déblayés et élargis. En même temps l'évêque ordonna des prières dans l'église de Saint-Maurice. Les pluies cessèrent enfin et la ville n'eut pas à souffrir de plus grands dommages.

Annecy vit à plusieurs reprises sa population décimée par la peste. En 1500, 1583 et 1629 (1), cette terrible maladie y fit de grands ravages, et la preuve qu'elle y apparaissait fréquemment, c'est qu'en 1496 il existait déjà un hôpital pour les habitants qui en étaient atteints (2).

En 1742, une maladie épidémique décima de nouveau la population d'Annecy ; mais dès lors

---

(1) « Le jour de Pâques 1629 l'on commença à se douter de la contagion en cette ville, et comme il y avait environ 1,500 hommes de garnison logés dedans, elle s'y forma et puis fit grands dégâts toute cette année. » (*Journal manuscrit.*)

(2) Cet hôpital était situé aux pieds du roc de la Puya, à l'endroit où se trouve aujourd'hui le four à chaux. On voyait encore les restes de cet établissement il y a quelques années.

on n'a pas eu lieu de constater de pareils accidents. L'assainissement progressif des habitations de cette ville l'a mise à l'abri de toute nouvelle atteinte des fléaux qui frappent beaucoup d'autres localités.

VIII

Histoire littéraire. — Etablissement de l'imprimerie à Annecy. — Fondation du collége. — Fondation des écoles publiques. — L'Académie Florimontane. — La Société Florimontane. — La Bibliothèque publique. — Le Musée. — Instruction publique.

Nous venons de faire passer rapidement sous les yeux de nos lecteurs les principaux faits de l'histoire politique d'Annecy ; il nous reste à dire quelques mots sur son histoire littéraire, qui ne laisse pas que de présenter plus d'un fait intéressant.

Ce que nous avons à noter en premier lieu c'est l'établissement de l'imprimerie à Annecy ; l'art de la typographie, qu'un Savoyard, Guillaume Fichet, a eu la gloire d'établir le premier à Paris (1), a été introduit dans notre cité par un nommé Pomard qui, en 1535, avait suivi le chapitre de Genève, chassé de cette ville par la

(1) Nous avons publié sur ce sujet un article dans le n° du 15 mai 1860 de la *Revue savoisienne.*
Voir aussi les *Gloires de la Savoie*, page 1.

Réforme. Pomard n'édita que des livres religieux dont quelques-uns étaient très remarquables sous le rapport typographique. Nous n'avons pas à suivre ici les progrès et les travaux de l'imprimerie à Annecy ; nous nous bornerons à dire que cette ville possède aujourd'hui quatre ateliers de typographie et une lithographie.

Au milieu du xvi° siècle, Eustache Chappuis fonda le collége d'Annecy et lui légua par son testament 2.500 écus de France. Les statuts de ce collége furent rédigés en 1556, l'année même de la mort de son fondateur. On n'y enseigna d'abord que la grammaire, la philosophie et la littérature; plus tard on y enseigna aussi la théologie. En 1614, la direction en fut confiée aux Barnabites qui y restèrent jusqu'en 1729 ; à cette époque, Victor-Amédée II y plaça comme professeur des prêtres séculiers.

Eustache Chappuis avait aussi fondé, en 1549, le collége de Louvain ; il posa la condition que les administrateurs des deux colléges *chappuisiens* auraient le droit de surveillance réciproque sur l'administration des revenus des deux établissements, et il créa dans celui de Louvain des bourses pour les étudiants de la Savoie et principalement pour ceux d'Annecy. A différentes époques, de sérieuses difficultés s'élevèrent entre les deux administrations au sujet de ces bourses. Nous n'entrerons pas ici dans les détails de ces discussions ; nous dirons seulement que depuis quelques années, après un traité conclu entre la Belgique et le Piémont, les jeunes gens de la Savoie peuvent se livrer à l'étude soit du génie et de la mécanique appliquée aux arts, soit de la théologie, du droit ou de la médecine, dans les universités belges.

Dans le siècle dernier, le collége d'Annecy était le plus florissant de la Savoie; les étudiants y étaient si nombreux qu'à une certaine époque ils eurent quelque velléité d'imiter leurs confrères de l'Allemagne et de tenir le haut du pavé; on raconte même qu'un jour ils eurent une rencontre sérieuse avec les soldats de la garnison. Mais le temps est éloigné où la *rue du Collége* retentissait des cris joyeux de cette jeunesse, turbulente parce qu'elle se sentait forte ; le collége d'Annecy, depuis de longues années, a perdu cette prospérité dont il se faisait gloire Le gouvernement sarde, depuis 1848, y avait introduit de notables améliorations, et y avait établi l'enseignement secondaire spécial ; mais ces réformes n'étaient pas encore assez radicales. Sous l'administration française, le collége d'Annecy a été complétement réorganisé et érigé en collége de plein exercice. Des bourses municipales et départementales y ont été créées.

Aujourd'hui, la ville d'Annecy dépend de l'Académie dont le siége est à Chambéry et qui comprend les deux départements de la Savoie et de la Haute-Savoie. Elle est le siége d'un inspecteur d'Académie.

Outre le collége, plusieurs écoles ont été créées à différentes époques à Annecy. En 1713, une école de filles y fut fondée par un chanoine nommé Claude Fleury qui, à cet effet, légua à la ville 20,000 florins et sa maison dans la rue Notre-Dame ; cette école existe encore et plusieurs dons lui ont été faits postérieurement à celui de C. Fleury : en 1731, une demoiselle Thomas lui a légué une somme de 1,000 florins; une autre personne, qui a voulu rester inconnue, lui a donné la même somme en 1771. En 1749, un nommé Laidevant fonda une école pour les garçons, qui fut réunie à celle des Frères des Ecoles chrétiennes lors de l'établissement de ces derniers à Annecy, en 1831. Outre ces écoles, on a créé dans cette ville des salles d'asile pour les enfants des ouvriers ; institution philanthropique et utile s'il en fut jamais, surtout pour une ville dont la population est en majeure partie composée de travailleurs.

Il y existe aussi une école publique de dessin.

Annecy a la gloire d'être la première ville française où il ait existé une société littéraire, connue sous le nom d'*Académie Florimontane*, et fondée par saint François de Sales et l'illustre jurisconsulte Antoine Favre.

En 1606, ces deux hommes de génie habitaient notre ville. Le premier, évêque du diocèse de Genève et écrivain de grand talent, avait été avocat au Sénat de Savoie en 1592 ; ayant abandonné le barreau pour embrasser la carrière ecclésiastique qui était plus en harmonie avec ses tendances essentiellement religieuses, il était arrivé au siège épiscopal de Genève en 1602 ; jouissant d'une grande renommée en France, grâce à son éloquence, il avait prononcé devant Henri IV l'oraison funèbre de Philippe de Lorraine, dernier rejeton de la branche des ducs de Mercœur, et malgré les efforts faits par le roi de France pour le retenir auprès de lui, François de Sales n'avait pu se séparer de sa *bonne ville d'Annecy*, où il devait écrire sa célèbre *Introduction à la vie dévote*.

Antoine Favre, président du Conseil de Genevois, était le jurisconsulte le plus savant de cette époque ; à vingt-trois ans il avait publié son livre des *Conjectures*, qui fit dire à Cujas : « Ce

« jeune homme a du sang aux ongles ; s'il vit « âge d'homme, il fera bien du bruit ! » A trente ans, il avait été nommé sénateur par le duc Charles-Emmanuel I, et à l'époque dont nous parlons, il venait de publier son fameux *code Fabrien*. Ses publications savantes attiraient l'attention de tous les jurisconsultes de l'Europe, qui ne dédaignaient pas de le consulter, et elles jetaient un grand lustre sur la magistrature de Savoie alors déjà si renommée.

Hommes de sciences, bien plus, hommes de génie tous deux, François de Sales et Antoine Favre étaient faits pour s'entendre ; du reste, ils devaient céder, malgré eux, à cet attrait irrésistible qui entraîne l'un vers l'autre deux esprits d'élite. Vivant de la même vie, aimant à un degré égal l'étude du beau et du vrai, cherchant à élever leurs pensées en fouillant, avec une ardeur qui tenait de la passion, cette belle nature qui ne peut qu'engendrer de nobles idées, lorsqu'on sait découvrir et comprendre tout ce qu'elle renferme de sublime, les deux illustres amis se trouvèrent tout naturellement les protecteurs de la science dans notre cité.

Pour eux, la science n'était pas cet épouvantail que certaines gens, aux principes faussés, emploient pour effrayer les simples ; elle n'était pas à leurs yeux l'arbre du mal dont les fruits trompeurs cachent un mortel poison. Ils considéraient la science comme la véritable source du bien, comme l'appui le plus ferme de la foi, mais de la foi vraie, telle que la possèdent les esprits éclairés ; ils pensaient avec raison que l'homme qui étudie et apprend à connaître les secrets innombrables que recèle la nature, ne peut s'empêcher de se rapprocher de l'Etre éternel, parce qu'il sent le besoin de rapporter tout ce qu'il voit de si admirablement organisé à une intelligence suprême, auprès de laquelle l'humanité doit s'humilier et avouer son impuissance.

Animés de cet esprit, nos deux illustres écrivains encourageaient autour d'eux toute tentative scientifique ou littéraire; ainsi les hommes studieux étaient sûrs de trouver des protecteurs toujours prêts à les soutenir dans leurs essais. Favre et François de Sales réunissaient souvent les jeunes littérateurs, et là, dans l'intimité, ils écoutaient avec patience la lecture de leurs travaux, dictaient les corrections à faire, donnaient des sujets à traiter.

Lorsqu'ils eurent attiré auprès d'eux un certain nombre d'hommes éclairés et instruits, afin de conserver cet esprit d'émulation qui seul pousse aux grands efforts, ils conçurent l'idée de former à Annecy une association semblable à celles qui existaient déjà dans plusieurs villes d'Italie, et que l'on appelait des *Académies*. Peut-être l'idée de cette création doit-elle revenir à François de Sales qui, ayant fait ses études de droit à Padoue, avait pu reconnaître tout le bien que produisent ces associations. Ce qui nous le ferait croire, c'est le nom que nos deux académiciens donnèrent à leur société et la devise qu'ils choisirent, nom et devise tout italiens : leur Académie s'appela *Florimontane*, et elle eut pour emblème un oranger chargé de fleurs et de fruits avec la devise : *Flores fructusque perennes* (fleurs et fruits toute l'année). Ne reconnaît-on pas dans cette gracieuse devise l'esprit fin et délicat de François de Sales? Favre, avec son esprit de dialecticien, a pu trouver, si l'on veut, le titre de *Florimontane,* conséquence de la devise, mais seule, la plume qui a écrit ces lettres charmantes à Mme de Chantal, a pu dessiner cet oranger et tracer les mots qui l'entourent.

Quoi qu'il en soit, l'illustre magistrat et le saint aimable venaient de créer la première Académie qui ait existé en deçà des Alpes, *vingt-huit ans* avant que Richelieu ait eu la même pensée à Paris!

Malheureusement, cette société n'a pas survécu à ses deux protecteurs; ses archives ont été égarées, et tout ce que l'on peut savoir de l'Académie Florimontane se trouve épars dans des ouvrages contemporains et dans la correspondance de Favre; pour le reste, on ne peut s'en rapporter qu'à des conjectures.

Les statuts de l'Académie furent rédigés en 1607, et le duc de Genevois-Nemours, Henri I, en fut le protecteur. Les membres de la compagnie étaient au nombre de quarante, avec un président, un censeur, choisis parmi des *gens habiles en tous genres et bien près de l'encyclopédie*, et un secrétaire qui devait avoir *des idées nettes et claires, un esprit fin et délié, des pensées nobles, et être bien versé dans les Belles-Lettres.*

L'Académie Florimontane fut installée dans la maison d'Antoine Favre; François de Sales fit le discours d'ouverture et fut chargé de la présidence pour la théologie et la philosophie; Favre fut nommé président pour la jurisprudence, et tous deux ensemble devaient diriger les travaux littéraires. Dès lors la docte compagnie continua régulièrement ses travaux; non seulement les académiciens prononçaient des discours et des harangues pour se former à une belle éloquence; non seulement ils traitaient en assemblée des questions de théologie, de philosophie, de littérature, de politique, de rhétorique, de mathématiques, etc., mais ils devaient encore s'occuper de diverses langues, et surtout de la langue française.

Parfois aussi le sanctuaire scientifique s'ouvrait au public, et alors on voyait se placer sur les bancs de l'école *les plus habiles maîtres des arts honnêtes, comme peintres, sculpteurs, artisans, architectes et semblables*, qui venaient suivre les cours professés par les académiciens.

Mais quels étaient les noms de ces quarante académiciens? Hélas! ils sont à peu près tous perdus. Etrange destinée! Ces hommes, qui avaient fait partie de la première Académie créée dans un pays français, auraient probablement, par ce seul fait, pu être décorés du titre d'*immortels*, tout aussi bien que leurs collègues de l'Académie française dont ils ont été les aînés. On en connaît cependant quelques-uns; le plus remarquable, après François de Sales et Antoine Favre, fut Pierre Fenouillet, d'Annecy, prédicateur ordinaire du roi Henri IV, évêque de Montpellier, et protégé de François de Sales; il prononça l'oraison funèbre de Henri IV à Paris, et celle de Louis XIII à Montpellier.

Ce fut Fenouillet qui, dans un de ses discours, donna cette leçon aux hommes d'Etat, leçon qui n'est jamais hors de saison!

« Les curieux en la recherche de la nature,
« disait-il, remarquent qu'on voit auprès du
« fleuve Harpesus une colline ou un rocher,
« lequel étant touché légèrement des doigts se
« tourne rond comme une boule; mais il de-
« meure immobile si on veut apporter de plus
« grands efforts et une plus grande contension

« de bras. Les hommes nés avec la liberté, et
« principalement les Français, ressemblent à ce
« rocher : la douceur les conduit et les gou-
« verne, la violence et l'effort les rend opiniâ-
« tres et tenants (1). »

Un autre membre de l'Académie Florimontane fut un savant historien, qui n'était pas Savoyard, mais qui, pendant quelque temps, exerça la charge d'abbé de Hautecombe : Alphonse Del Bène, évêque d'Alby. Del Bène fut lié avec tous les beaux esprits de France, et Ronsard lui dédia son traité de l'*Art poétique*. Cette dédicace, il faut le dire, ne devait guère s'adresser à notre académicien, car s'il écrivit des ouvrages historiques remplis de recherches savantes, par contre, son talent ne put jamais se plier aux règles les plus simples de la poésie ; témoin ce fragment d'un poème heureusement inédit :

> Je chante les travaux, les faits et la valeur
> Du généreux ami qui, des monts de Savoye,
> En Orient alla secourir l'empereur,
> Lorsque le Turc félon issu du sang de Troye
> Vint ravager l'Europe et s'en faire seigneur (2).

Pour l'honneur de l'Académie Florimontane, nous devons nous estimer heureux que Del Bène ait tenu cachés ses essais poétiques ; M. Ménabréa, qui le premier a cité ce fragment, en a assez dit.

Claude Nouvellet, d'Annecy, docteur de Sor-

---

(1) Voir pour plus de détails concernant Fenouillet, l'*Histoire de la Littérature française à l'étranger*, par M. Sayous, t. I, p. 76.
(2) Léon Ménabréa — Sayous, ouvr. cit.

bonne et chanoine de la cathédrale, fit aussi partie de la docte compagnie, et publia plusieurs pièces de poésie burlesque, faisant ainsi application du *Castigat ridendo mores.*

Quoi qu'il en fût du mérite littéraire des membres de l'Académie Florimontane, les noms des deux présidents étaient assez illustres pour attirer l'attention du monde savant, et plusieurs étrangers briguèrent l'honneur de faire partie de la compagnie. Trois ans après la fondation de l'Académie, Antoine Favre en parlait ainsi dans une lettre adressée à Schifordegher, célèbre jurisconsulte allemand qui était venu à Annecy et avait été reçu membre associé : « C'est la pre-
« mière qui, de ce côté des monts, ait été érigée
« à l'exemple de celles d'Italie. Aussi est-ce mer-
« veille qu'elle soit déjà si connue, qu'en France,
« dans les pays voisins et même en Italie, on en
« parle avec grande estime et comme recomman-
« dable entre les plus célèbres. J'en parlerais
« avec moins d'assurance ou plus de modestie si
« je ne pouvais m'appuyer de votre propre té-
« moignage, puisque, admis au nombre de nos
« académiciens, vous avez tant de fois assisté à
« nos exercices. »

Malheureusement, ainsi que nous l'avons déjà dit, l'Académie Florimontane ne survécut pas à ses fondateurs, morts, l'un, François de Sales, en 1622, et l'autre, Favre, en 1624. L'oranger orna de ses dernières fleurs le cercueil des deux hommes qui l'avaient entouré de leurs soins assidus ; dès lors il ne porta plus de fruits et se desséccha. Mais cet arbre de la science, bien qu'il n'ait pas vécu de longues années, n'en a pas moins été le premier drapeau des sociétés littéraires planté sur le sol français. Des mains savoisiennes ont tenu la hampe de ce drapeau, et Annecy a eu le bonheur de le voir flotter sur ses murs.

N'oublions pas de dire que ce fut l'Académie Florimontane qui forma Vaugelas, le fils d'Antoine Favre, l'auteur des *Remarques sur la Langue française*, le traducteur de Quinte-Curce, l'écrivain à qui le cardinal de Richelieu confia la rédaction du dictionnaire de l'Académie et qui fut le premier grammairien français. Vaugelas avait puisé dans les leçons professées par les académiciens d'Annecy ses premières notions sur la langue française; la gloire qu'il a acquise rejaillit donc un peu sur notre ville, et si la Savoie a l'honneur et la gloire d'avoir donné le jour aux hommes qui dotèrent la France de l'imprimerie et de la première académie, elle peut être fière aussi d'avoir formé l'homme qui établit les premières règles de la langue de Corneille, de Racine, de Boileau, de Pascal, et de tant d'autres génies qui ont illustré la littérature française dans le XVIIe siècle.

L'heureuse influence de l'Académie Florimontane se fit sentir pendant longtemps à Annecy, où le goût des lettres et des arts fut très répandu dans le XVIIIe siècle. Une fois initiés par l'Académie Florimontane aux secrets du bien-dire, nos pères, ainsi que le fait observer Jacques Replat (1), conservèrent jusqu'à la Révolution leurs habitudes lettrées et de bon goût. Rousseau est là qui témoigne de ce fait, et l'esprit du juge-mage Simon ainsi que les succès de Venture de Villeneuve sont dans la mémoire de tous ceux qui ont lu les *Confessions*.

Quelques citoyens animés de louables senti-

(1) *Esquisse du vieil Annecy*, 1854.

ments ont fait revivre l'Académie d'Annecy en fondant, en 1851, une société pour l'encouragement des sciences, des lettres et des arts (1). Cette société, qui porta d'abord le nom d'*Association Florimontane*, a pris aujourd'hui celui de *Société Florimontane;* elle avait primitivement pour but de créer un enseignement pratique ; elle obtint à cet effet du gouvernement sarde un subside de trois mille francs, qui plus tard fut affecté à un cours spécial établi au collége d'Annecy. Dès lors la Société Florimontane s'est appliquée à rechercher, pour les sauver de la ruine, les manuscrits et les ouvrages de toute sorte qui se rattachent à l'histoire générale de la Savoie, et à publier les documents inédits et les ouvrages originaux importants.

La Société Florimontane, aujourd'hui en rapport avec les principales sociétés savantes de la France, de la Suisse et de l'Italie, a pris pour devise une phrase de Cicéron qui résume ses tendances : *Omnes omnium caritates patria una complexa est.* Elle publie un journal scientifique et littéraire, la *Revue savoisienne*, et s'efforce d'enrichir sa collection bibliographique nationale déjà très remarquable. Elle compte parmi ses membres associés plusieurs savants étrangers.

Annecy est encore la première ville de la Savoie où il ait existé une bibliothèque publique. Cet établissement a dû sa création à quelques généreux citoyens qui l'ont formé de leurs bibliothèques particulières. M. Simon, juge-mage du Genevois, celui dont Rousseau nous a laissé un

---

(1) L'Association Florimontane a eu pour principal fondateur M. le docteur Bouvier, alors conservateur du musée d'Annecy.

portrait flatteur, donna tous ses livres à la ville d'Annecy par son testament de 1744. M. Dumax, chanoine de la cathédrale, abandonna aussi sa collection de livres à Annecy; et successivement, le comte de Grésy, auditeur général des guerres, le chevalier Della Chieza, M. de Sinsan, lieutenant-général du duché de Savoie, le président Foncet, etc., enrichirent la bibliothèque naissante. Plus tard, on ajouta à cette collection les livres trouvés dans les couvents d'Annecy et la bibliothèque du chapitre de Notre-Dame, fondée par le chanoine Favre du Crévion.

Le règlement pour l'administration de la bibliothèque d'Annecy, qui avait été ouverte au public le 27 mai 1748, fut rédigé, en 1765, par les présidents Jacques Salteur et François-Xavier de Maistre.

La principale richesse de cette collection consiste en ouvrages ecclésiastiques; elle serait plus considérable et plus riche si elle n'avait été dévalisée, il y a quelques années, par certaines gens qui n'ont pas craint de s'approprier beaucoup d'ouvrages précieux qui en faisaient partie. Aujourd'hui, grâce à une surveillance plus active, ce désordre n'existe plus. La bibliothèque d'Annecy possède maintenant dix mille volumes environ, et chaque année ce nombre est augmenté, soit par des acquisitions faites par l'administration, soit par des dons de généreux citoyens et du gouvernement.

En 1846, M. Louis Coppier, de Bonneville, appelé par la ville d'Annecy à occuper la place de bibliothécaire, apporta avec lui ses riches collections d'histoire naturelle, et forma ainsi le noyau d'un musée qui aujourd'hui est déjà très remarquable. Nous en parlerons plus loin.

La bibliothèque et le musée sont, sans contredit, une puissante ressource pour la jeunesse studieuse d'Annecy qui, pendant longtemps, a été pour ainsi dire abandonnée à elle-même. Les colléges de la Savoie, sous le régime absolu qui a pesé sur nous pendant trente-trois ans, étaient appelés *petits-séminaires*, et ils justifiaient parfaitement ce titre, car on n'y faisait que des études préparatoires pour entrer au grand-séminaire.

Dans la période décennale qui a précédé l'annexion de la Savoie à la France, le gouvernement sarde avait déjà apporté de grandes réformes dans l'instruction publique, mais comme chaque ministre qui arrivait au pouvoir se hâtait de faire de nombreux changements dans le système adopté par son prédécesseur, en entassant règlements sur règlements et circulaires sur circulaires, il était résulté de cet état de choses des complications telles qu'il devint impossible d'obtenir les améliorations désirées par la masse des citoyens.

Nous serons sans doute plus heureux avec l'organisation française, longuement mûrie et fruit d'une très longue expérience. Le Piémont avait à créer en entier un système d'instruction publique; la France n'a plus rien à faire à cet égard, si ce n'est à perfectionner ce qui existe.

Nous appelons d'autant plus de tous nos vœux le jour où la jeunesse savoisienne pourra trouver dans le pays tous les moyens propres à développer son intelligence, que la Savoie est la contrée de la France qui, proportion gardée, a donné le jour au plus grand nombre d'hommes distingués. Annecy et ses environs ont fourni leur part de savants, de littérateurs et d'hommes de guerre.

Ainsi, Jean de Brogny, de simple berger arriva aux degrés les plus élevés de la hiérarchie ecclésiastique; saint François de Sales a sa place marquée parmi les grands écrivains du xviie siècle; Eustache Chappuis, par ses talents, devint secrétaire intime du duc de Savoie Charles III et du duc de Bourbon, puis conseiller de Charles-Quint; l'évêque Fenouillet fut l'orateur du clergé de France aux Etats Généraux en 1614, et Henri IV le nomma son prédicateur ordinaire; le peintre Lange, de l'école de Bologne, a laissé des tableaux très estimés; Charles de Sales devint commandeur de l'ordre de Malte et gouverneur de l'île de Saint-Christophe; Benoît Voisin se rendit célèbre par ses connaissances médicales au commencement du xviiie siècle. Dans les temps modernes, le général Decoux, dont le nom est inscrit sur l'arc de triomphe de l'Etoile à Paris, le général Songeon, le colonel Balleydier et le commandant François Philippe, se sont distingués dans les guerres du premier empire; Berthollet s'est rendu célèbre par ses travaux scientifiques; Tochon a été un numismate distingué; MM. Coster et Carron se sont acquis une belle réputation comme médecins; M. Miége, ancien consul de France à Malte, a publié une histoire de Malte très estimée; M. Dupanloup, prédicateur et écrivain de grand talent, est aujourd'hui évêque d'Orléans et membre de l'Académie française. Ajoutons enfin, que notre maître de regrettable mémoire, Jacques Replat, ancien président de la Société Florimontane, a tenu jusqu'au jour de sa mort le sceptre de la littérature savoisienne (1).

(1) Nous ne citons que les noms des principaux ci-

En voilà, certes, plus qu'il n'en faut pour nous faire espérer qu'un brillant avenir est dorénavant réservé à la jeunesse intelligente de notre pays. Ainsi que nous le disions déjà en 1852, le sang qui coule dans les veines des fils de la Savoie est français ; c'est dire que les Savoyards sont courageux et intelligents ; ils ont de plus que leurs frères du reste de la France, un fond de caractère essentiellement sérieux qui les rend persévérants en toutes choses : avec cela on surmonte bien des obstacles.

toyens d'Annecy ou de ses environs qui honorent leur patrie par la gloire qu'ils ont acquise dans les sciences, les lettres ou les armes; il en est d'autres dont les noms sont moins connus mais qui sont aussi pour notre patrie un juste motif de fierté.

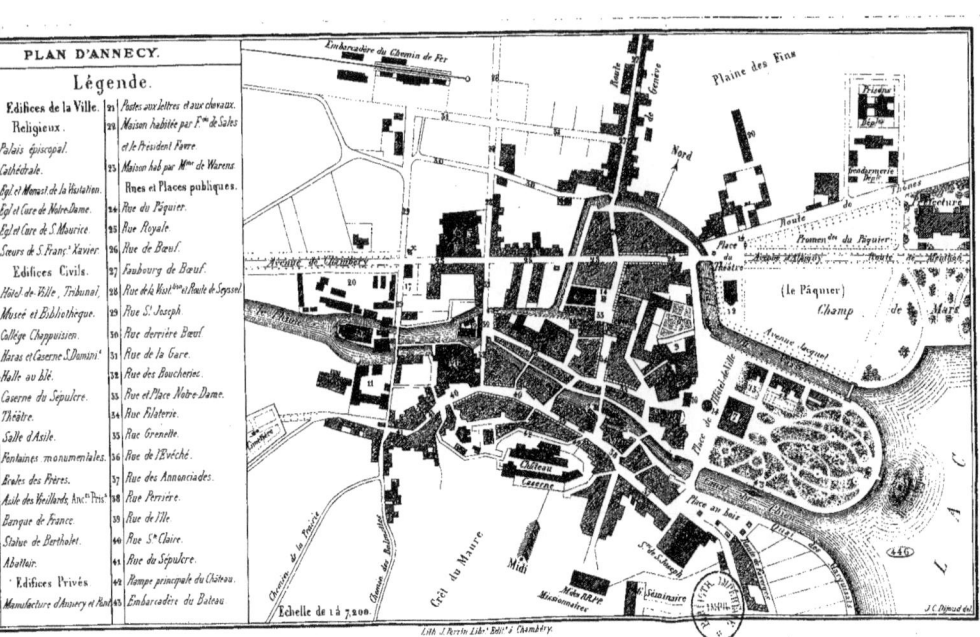

DEUXIÈME PARTIE

LA VILLE D'ANNECY

ET SES ENVIRONS

I

Construction de la ville moderne. — Situation topographique et commerciale. — Industrie. — Population. — Institutions de charité.

Ainsi que nous l'avons dit en commençant, il est impossible d'assigner une date précise à la fondation de la ville qui a succédé à celle que les Romains avaient élevée. Il est probable que ce ne fut que longtemps après la destruction de *Bautas* par les Barbares, que des maisons vinrent se grouper au pied de la montagne appelée aujourd'hui *Crêt du Maure*, position forte et parfaitement choisie pour opposer une résistance sérieuse aux chefs de bandes armées ou aux seigneurs pillards, si nombreux dans le principe de la féodalité. Il se peut que le château ait été élevé à peu près à la même époque et dans le même but de défense, car les vieux quartiers d'Annecy se cramponnent à cette ancienne maison forte, comme pour chercher sous ses murs aide et protection. On nous objectera peut-être que rien dans le style de construction du château actuel n'indique qu'il appartienne à une époque très reculée ; mais nous verrons plus loin que cet immense bâtiment a été presque entièrement réédifié par les ducs de Genevois-Nemours, et que dès lors il a perdu le caractère particulier que lui avaient donné ses premiers propriétaires.

A mesure que la ville s'agrandit et s'étend dans la plaine, les rues deviennent plus larges et moins tortueuses ; on peut suivre ainsi, presque pas à pas, la marche progressive de la civilisation qui, en rétablissant le respect des propriétés, dispensa des populations entières de se livrer à la merci d'un seigneur pour avoir droit à sa protection.

D'après les restes de ses murs d'enceinte, on voit qu'Annecy a eu trois agrandissements successifs. La première enceinte s'étendit jusqu'au pont Morens, la seconde arriva jusqu'au passage voûté de la place Notre-Dame et la troisième ne dépassa pas le pont de Bœuf, où se trouvait une porte qui a été abattue il y a quelques années. Toutes ces enceintes étaient formées de murs très épais et très élevés, aux pieds desquels avait été creusé un canal dans le but de mieux défendre la ville contre toute attaque extérieure.

Les anciens quartiers d'Annecy sont mal bâtis ; ils se ressentent de leur origine plébéienne, car, primitivement, la ville n'a pu être habitée que par des laboureurs et des ouvriers ; les maisons sont resserrées et placées sans symétrie les unes à côté des autres. Les quartiers modernes sont construits dans un style à peu près uniforme et l'on y respire plus aisément.

Du reste, depuis quelques années, cette ville a presque complètement changé d'aspect, grâce aux travaux d'assainissement opérés sur une large échelle. Des quais y ont été construits sur tous les canaux ; des fontaines publiques ont été établies dans tous les quartiers ; en un mot, le vieil Annecy, cette ville aux maisons de bois fusé par le temps et dont les tons douteux se réflétaient dans l'eau des canaux, cette ville qui faisait les délices des peintres n'est bientôt plus. Regrettons-la pour l'art, mais réjouissons-nous de sa transformation au point de vue de la santé publique et de la propreté.

La ville d'Annecy est située à 450 mètres environ au-dessus du niveau de la mer. Adossée au *Crêt du Maure*, qui forme le premier plan incliné du Semnoz, elle est baignée par les eaux du lac qui la traversent par trois canaux ; au nord s'étend la plaine des Fins, toute cultivée et entourée de collines charmantes, couvertes de vignobles et parsemées de hameaux et de villas.

Par sa position topographique, Annecy est un centre commercial. Il se trouve placé à peu près au milieu d'un triangle dont les trois points sont formés par Genève, Chambéry et Albertville Une route relie les deux premières villes, et une autre conduit du Piémont à Genève, par Albertville, en traversant Annecy.

Une autre voie joint Annecy à Seyssel, où passe le chemin de fer de Lyon à Genève ; cette route était très fréquentée avant la construction du chemin de fer d'Aix qui a fait d'Annecy un point central d'où s'expédient pour les départements voisins tous les produits des vallées riches et nombreuses qui l'entourent. Ses marchés hebdomadaires sont très importants et pourraient être regardés plutôt comme des foires, puisque six mille personnes en moyenne arrivent des communes voisines pour y négocier leurs denrées agricoles. Ces marchés, auxquels l'établissement de la zone en Chablais et en Faucigny a porté un grand préjudice, acquerront peut-être plus d'importance par suite de l'établissement des voies ferrées.

Si Annecy, grâce à sa position centrale, est la ville la plus commerçante des deux départements de la Savoie et de la Haute-Savoie, elle est aussi la plus industrielle, à cause de ces cours d'eau. Depuis plusieurs siècles, cette ville a possédé un grand nombre d'établissements industriels. Nous avons vu que, dans le xve siècle, il y existait déjà une fabrique de draps. Deux siècles plus tard, on y comptait des fabriques de couteaux, d'épées, de canons et de mousquets ; une papeterie, des tanneries, etc., qui existèrent pendant longtemps. La coutellerie d'Annecy acquit une grande renommée, et la fabrique d'armes de Collin fut aussi célèbre ; il paraît que l'eau du lac est très favorable à la trempe de l'acier. Plusieurs de ces différentes industries n'existent plus, mais elles ont été remplacées par d'autres aussi lucratives.

Aujourd'hui Annecy possède une filature de coton qui peut être rangée parmi les plus importantes de la France ; une fabrique de cuillers et de fourchettes en fer battu ; plusieurs tanneries et corroieries qui expédient beaucoup de leurs produits en Amérique et un grand nombre d'autres établissements industriels de moindre valeur. A Crans se trouvent des usines et une papeterie importantes, auxquelles nous pouvons ajouter les fonderies de cloches de Quintal et d'Annecy-le-Vieux.

On pourrait certainement établir à Annecy plusieurs genres d'industrie qui y sont encore inconnus et qui contribueraient à répandre la richesse dans le pays; mais il existe malheureusement un peu d'apathie chez les capitalistes savoyards; rarement ils placent leurs fonds dans le commerce et l'industrie; les spéculations, quelles qu'elles soient, les effraient; aussi compte-t-on peu de grandes fortunes à Annecy. Il faut dire aussi que jusqu'à ce jour, en Savoie, on a dirigé les études des jeunes gens de manière à en faire des avocats, des notaires ou des avoués : hors du papier timbré point de salut! On faisait fi de l'industrie, du commerce et de l'agriculture; beaucoup d'hommes qui auraient pu s'ouvrir une carrière libre et propre à développer leur intelligence, ont croupi pendant toute leur vie dans une étude poudreuse, dépensant leurs plus belles années à servir le dieu de la *chicane*.

Cet esprit apathique dont nous venons de parler avait déjà été observé en 1806 par Albanis Beaumont. « Malheureusement, écrivait-il, il règne à Annecy comme dans la plupart des villes de la Savoie, une espèce d'apathie sur tout ce qui a du rapport aux améliorations agronomiques, et cette apathie nuit singulièrement à la prospérité publique; mais il faut espérer que le temps et l'exemple corrigeront un jour ce vice destructeur : il y a même maintenant plusieurs fabriques établies à Annecy depuis la réunion de la Savoie à la France; presque toutes, il est vrai, appartiennent à des étrangers que le hasard ou les circonstances ont conduits dans cette ville, et qui ont su mettre à profit son heureuse situation. »

En effet, aujourd'hui encore, beaucoup d'établissements industriels d'Annecy appartiennent à des sociétés dont les membres sont presque tous étrangers ; aujourd'hui encore, comme le faisait Albanis Beaumont en 1806, nous émettons le vœu que cette apathie, *ce vice destructeur*, disparaisse enfin entièrement.

Malgré cela, Annecy, centre commercial, industriel et agricole, a vu, depuis la fin du siècle dernier, s'augmenter avec une assez grande rapidité le chiffre de sa population. De 1757 à 1765, ce chiffre n'a pas dépassé 4,847; en 1774, il était de 4,524; en 1775, de 4,478; en 1778, de 4,480; en 1779, de 4,732; en 1780, de 4,802; en 1781, de 4,858; en 1782, de 4,837; en 1783, de 4,907; en 1784, de 4,900; en 1786, de 5,151; en 1787, de 5,094; en 1788, de 5,019; en 1789, de 5,002; en 1794 jusqu'en 1798, de 4,348; en 1800, de 5,123; en 1803, de 5,467; en 1824, de 6,735; en 1828, de 6,640; en 1833, de 7,056; en 1847, de 9,342; en 1858, de 10,374; en 1860, de 10,737, et en 1865, de 11,554.

Annecy possède plusieurs établissements et sociétés de charité ou de prévoyance. En première ligne se place l'hôpital général, divisé en plusieurs sections : les *incurables*, le *grabat*, l'*hospice des vieillards*, les *enfants trouvés*, les *filles orphelines*, etc. Chacune de ces sections a reçu des dons en grand nombre qui forment aujourd'hui un capital considérable.

Mais l'hôpital général a des règles qui fixent la mesure des secours qu'il doit distribuer, et certaines infortunes sont en dehors du cercle de son action. C'est pour remédier à cette lacune que le conseil municipal d'Annecy a pris, il y a quelques années, sous son patronage la *société pour l'extinction de la mendicité*. D'après les statuts de cette société, chaque famille besogneuse est classée, par le comité directeur, suivant le degré de misère dans lequel elle se trouve, et reçoit des secours à domicile ou au moyen de *bons de subsistance;* une souscription publique annuelle fournit les fonds nécessaires pour les secours à distribuer. Grâce à cette excellente institution, les mendiants ont disparu presque entièrement à Annecy; les pauvres véritables sont secourus, et ceux qui font de la mendicité un métier n'ont plus aucun motif d'étaler aux yeux du public des haillons trompeurs et des souffrances imaginaires.

Annecy possède, en outre, une institution de secours mutuels appelée *Société philanthropique,* qui a pour but de secourir les ouvriers en cas de maladie. Cette société, composée aujourd'hui de plus de neuf cents membres, mérite les sympathies de tout bon citoyen; mais nous voudrions la voir établie sur des bases plus larges encore, et voici pourquoi. Pour faire partie de cette société on doit payer une cotisation d'un franc par mois; cette somme est minime il est vrai, mais beaucoup de pauvres ouvriers ne peuvent la payer, et conséquemment doivent renoncer aux bienfaits de cette excellente institution. Pour remédier à cet inconvénient, que tous les riches apportent leur tribut à la société; qu'elle devienne une vaste association de charité, composée non seulement de citoyens qui peuvent avoir besoin de secours, mais aussi de capitalistes, de rentiers, de négociants qui viendront payer non pour eux mais pour les pauvres! Constituée de cette manière, la Société philanthropique pourrait venir en aide aux ouvriers indigents: elle pourrait répandre des secours au nom de la fraternité; le pauvre serait soulagé par la vraie charité chrétienne, et non par l'aumône; la première n'enlève rien à l'égalité des hommes entre eux, la seconde les dégrade, les démoralise et creuse un abîme entre le riche et le pauvre.

Une seconde Société philanthropique s'est fondée dans ces dernières années pour les cultivateurs des environs d'Annecy.

Outre les institutions de bienfaisance dont nous venons de parler, nous devons mentionner la *Caisse d'épargne*. Cette caisse reçoit chaque mois une forte somme en dépôt, et le nombre des déposants augmente sensiblement.

Pour nous résumer, nous pouvons dire que peu de villes, de l'importance d'Annecy, peuvent rivaliser avec elle pour le nombre des institutions de charité et de prévoyance; c'est un hommage qu'en toute justice il faut rendre à l'esprit philanthropique des Anneciens.

II

Édifices. — Curiosités.

Annecy possède quelques édifices et établissements publics que l'étranger peut visiter avec intérêt; en voici les principaux.

L'Hôtel-de-Ville est un vaste bâtiment carré avec une cour intérieure entourée de portiques; il est construit en marbre gris et offre dans son ensemble un caractère de grandeur et quelques dispositions d'une bonne conception; tel est l'attique de la façade avec ses quatre colonnes ioniennes élevées sur un balcon de pierre et supportant un fronton aux armes de la ville : *De gueules à la truite d'argent marquetée de sable et de gueules, mise en bande.*

L'hôtel de-ville et le gracieux jardin public créé derrière cet édifice occupent l'emplacement de l'ancien *Clos Lombard* (1), qui était complètement entouré d'eau. Un canal transversal reliait les deux canaux latéraux qui existent encore aujourd'hui, en traversant la place actuelle de l'Hôtel-de-Ville; comme ce canal n'avait presque pas de pente, il ne renfermait qu'une eau croupissante où la gent batracienne avait établi ses

---

(1) Ce clos tirait son nom de Lombards qui en étaient les propriétaires au xve siècle.

meilleurs quartiers. L'administration municipale le fit combler en 1835 et fit disparaître en même temps une ligne de hauts peupliers qui du pont de la Halle allait rejoindre *les Charmilles du Haras*.

À l'intérieur, ce clos était occupé par quelques méchants bâtiments et par des jardins. Le tout appartenait, avant la Révolution, à des religieuses de Saint-François. Un corridor en planches, établi au-dessus du canal à la hauteur d'une porte qu'on voit encore à la vieille tour adossée à l'ancienne église de Saint-François, aujourd'hui propriété privée, permettait aux religieuses de se rendre du clos à l'église et **vice versâ**, sans sortir de chez elles et sans être vues. C'était assez joli, au point de vue des temps primitifs, mais ce clos était placé de manière à obstruer la vue du lac, qui aujourd'hui est presque complétement à découvert.

Le Musée, qui se trouve dans l'hôtel-de-ville, ainsi que la Bibliothèque, a été fondé en 1842. A cette époque, M. Eloi Serand conçut l'heureuse idée de joindre à la Bibliothèque un muséum où l'on rassemblerait des objets rares et curieux provenant principalement de la Savoie; il fit part de son projet à M. l'abbé Favre, bibliothécaire, et tous deux se mirent à l'œuvre avec ardeur; prêchant d'exemple, ils firent don de leurs collections.

En 1845, un congrès agricole eut lieu à Annecy, et plusieurs personnes qui avaient exposé des objets d'histoire naturelle, eurent la bonne pensée d'en faire don au Musée naissant. Nous citerons parmi ces généreux donateurs MM. le professeur Angelo Sismonda, de Turin; l'ingénieur Replat, d'Albertville; M. Mol, de Faverges; le docteur C.-H.-A. Despines, d'Aix, et M. l'ingénieur Despines.

En 1846, Louis Coppier, jeune naturaliste d'une grande érudition, ayant été appelé à remplacer M. Favre, comme bibliothécaire et conservateur du Musée, gratifia la ville de ses nombreuses collections d'histoire naturelle; travailleur infatigable, il succomba peu de temps après, en 1849, à l'excès du travail. Depuis cette époque, les collections durent être transportées de l'ancien Hôtel-de-ville dans le nouveau; pendant deux ou trois ans elles restèrent emmagasinées dans des salles provisoires, attendant les meubles destinés à les recevoir. Exposées à la poussière, ravagées par les insectes, elles subirent une grande détérioration, et pour les remettre en bon état il a fallu presque autant de peine et de travail que si l'on avait dû les créer : ce travail de patience a été commencé par M. Bouvier et continué par MM. de Mortillet, Ducret et L Revon.

Les collections du Musée d'Annecy sont une ressource précieuse pour le naturaliste étranger; elles forment comme un catalogue illustré des richesses du pays qu'il va parcourir. Ce qui frappe tout d'abord, c'est le nombre et la variété des oiseaux que renferme la galerie savoisienne, depuis l'aigle royal jusqu'au roitelet. Il y a parmi eux des sujets qui deviennent de plus en plus rares dans les Alpes; le Gypaète *barbu*, appelé aussi le *messager*, et vautour *Læmmer-Geger* en Suisse; le Grand tétras; le Catharte Alimoche, qui niche chaque année dans la montagne de Mandallaz près d'Annecy.

L'étranger pourra se convaincre que les oiseaux ne sont pas comme bien des touristes routiniers, et qu'un grand nombre se laissent séduire par notre climat et l'aspect pittoresque de nos montagnes ou des rives de notre lac. C'est ainsi que le Rollier, habitant de l'Afrique, vient chaque année visiter nos vallées, comme aussi le Guêpier, le Jaseur et le Bec-Croisé des pins; il n'est pas jusqu'à la Spatule Blanche, à l'Ibis Falcinelle, qui ne se soient donné le plaisir d'une excursion dans les environs d'Annecy et qui n'aient laissé leurs dépouilles au Musée de la ville.

La galerie savoisienne contient deux cents espèces d'oiseaux tués en Savoie.

Quant aux mammifères, il en manque encore beaucoup; cependant la collection renferme quelques belles variétés, entre autres un lynx, un blaireau et une taupe albinos, tués dans le pays, et un grand nombre de petits mammifères tels que loirs, lérots, écureuils, campagnols, soit en tout 59 espèces, représentées par un nombre presque double d'individus.

On voit dans le Musée d'Annecy une collection assez complète de poissons et de reptiles de la Savoie. Parmi les reptiles on remarque de beaux et nombreux sujets dont deux espèces seulement sont venimeuses.

L'herbier est composé de deux mille plantes de la Savoie; il a été créé par MM. Bouvier, médecin, Puget et Huguenin.

La collection des coquillages terrestres et fluviatiles est d'un grand prix; elle a été formée en majeure partie par MM. de Mortillet et Dumont.

Le Musée d'Annecy possède une riche collection géologique et minéralogique savoisienne, et c'est la plus importante au point de vue industriel. Elle a été commencée par M. de Mortillet ; ce géologue distingué a donné près de 3,000 échantillons, auxquels sont venus s'ajouter d'autres dons ; M. J. Ducret, pour sa part, a considérablement augmenté la collection. On y remarque de belles empreintes de fougères du terrain anthraxifère de Petit-Cœur ; de beaux cristaux de quartz des Encombres, près de Beaufort ; un grand nombre de coquilles pétrifiées ; des dents gigantesques de squales ; des empreintes de fougères trouvées dans les marnes de la molasse, dont un échantillon, surtout, a attiré l'attention de plusieurs savants étrangers, entre autres de MM. Sismonda, de Turin, et Herr, de Zurich.

Outre la galerie savoisienne, le Musée d'Annecy possède des collections de sujets exotiques, parmi lesquels 226 espèces d'oiseaux d'Amérique, données par MM. Trippe et Masset, et plusieurs mammifères et reptiles. La collection des minéraux étrangers, commencée avec les dons de MM. Sismonda et Drevet, a été plus que doublée par M. Ducret, qui a fait don également de nombreuses coquilles marines.

A côté du Musée d'histoire naturelle se trouve la salle des antiques, collection commencée sous les auspices de la Société Florimontane et sous la direction de M. Eloi Serand, bien connu de tous les archéologues de la Savoie et de la Suisse. On y voit un grand nombre de sceaux et de monnaies ; un pliant carlovingien trouvé dans la tourbière de Poisy : il est en fer avec des arabesques en cuivre ; une jolie tête de bacchante en marbre, trouvée dans les Fins ; une urne cinéraire trouvée à Pringy et taillée dans un calcaire tufier formant des veines concentriques ; plus de dix mille médailles en or, en argent ou en bronze. On remarque aussi une belle collection d'antiquités se rapportant aux époques antéhistoriques et dont la plupart sont dues aux recherches ou aux acquisitions faites par M. L. Revon ; plusieurs de ces objets ont eu l'honneur de la publicité dans des ouvrages ou des recueils spéciaux. Nous ne devons pas oublier de mentionner les collections industrielles formées aussi par M. L. Revon, non plus qu'une riche série d'estampages d'inscriptions romaines relevées en Savoie par ce savant et infatigable conservateur.

Citons aussi les types de races du Nord, moulés en plâtre, et donnés par le Prince Napoléon ; une collection anatomique et anthropologique, un grand modèle en plâtre du Colisée, œuvre de patience de M. Conversi ; le buste en marbre blanc de M. Fabien Calloud, citoyen d'Annecy, chimiste savant et connu par sa philanthropie, mort il y a quelques années. Ce buste est l'œuvre d'un artiste savoyard, M. Levret, d'Albertville ; le prix en a été payé au moyen d'une souscription nationale.

Depuis quelques années, le Musée d'Annecy s'est enrichi, grâce aux dons du gouvernement, d'une belle collection d'antiques provenant du Musée Campana, et de moulages d'un certain nombre de chefs-d'œuvre de la statuaire ancienne et moderne.

Une salle est aussi affectée aux tableaux, parmi lesquels plusieurs sont remarquables et ont été donnés par Napoléon III.

La BIBLIOTHÈQUE PUBLIQUE, dont nous avons déjà parlé, se trouve dans une salle attenante à celles du Musée.

La Bibliothèque savoisienne a été formée par la Société Florimontane ; elle contient déjà un grand nombre d'ouvrages publiés par des Savoyards ou traitant de sujets qui se rapportent à la Savoie.

Sans parler de plusieurs manuscrits très précieux, cette collection renferme une certaine quantité d'autographes dont les plus remarquables sont de la main du président Favre; de Mme de Warens; du chevalier de Courtille, un associé de Mme de Warens dans ses entreprises industrielles, et que Rousseau peint par ces quatre mots : *vain, sot, ignorant, insolent;* de saint François de Sales; de Charles-Auguste de Sales; de Renée Favre; de Sully; du prince Eugène de Savoie; de Catherine d'Autriche, femme du duc Charles-Emmanuel I; de Jeanne-Baptiste de Nemours, mère et régente du duc Victor-Amédée II; de Henri II de Genevois-Nemours; de Louis XIV; de Louis XV; de Michaud, l'auteur de l'*Histoire des Croisades;* de Berthollet; de Bourrienne; de Chaptal; de Barante; du général Lannes; du général Dessaix; du médecin Dacquin; d'Eugène Suë; de Humboldt, etc.

A gauche de l'hôtel-de-ville, se trouvent la salle d'asile et l'école communale dont les bâtiments longent le canal de l'autre côté duquel on aperçoit le Théâtre et le Champ-de-Mars.

Au fond du Jardin public s'élève la statue de Berthollet, né à Talloires, sur les bords du lac. Cette statue a été élevée d'abord sur la promenade du Pâquier en 1843 et transportée ensuite dans le Jardin. Les bas-reliefs qui entourent le socle représentent l'illustre chimiste :

1° Se présentant à Tronchin à Paris ;

2° Recevant le duc d'Orléans dans le laboratoire de chimie dont ce prince lui avait confié la direction ;

3° Donnant le bras au général en chef Bonaparte devant les Pyramides d'Égypte qu'il contemple ;

4° Près du lit de son illustre collègue et ami Monge, atteint à Saint-Jean-d'Acre d'une maladie mortelle.

Sur les faces du piédestal on lit les inscriptions suivantes :

A CLAUDE-LOUIS BERTHOLLET,
SES CONCITOYENS ET SES ADMIRATEURS.
NÉ A TALLOIRES, IX DÉCEMBRE MDCCXLVIII.
DÉCÉDÉ A ARCUEIL, PRÈS DE PARIS, LE VI NOVEMBRE
MDCCCXXII.

ÉLÈVE DU COLLÈGE DES PROVINCES,
IL ÉTUDIA LA MÉDECINE A L'UNIVERSITÉ DE TURIN,
ET FUT REÇU DOCTEUR EN MDCCLXX.
DÈS LORS ÉTABLI À PARIS,
IL FUT MÉDECIN DE LA MAISON DE LOUIS-PHILIPPE,
DUC D'ORLÉANS ;
PROFESSEUR DE CHIMIE A L'ÉCOLE NORMALE
ET A L'ÉCOLE POLYTECHNIQUE,
MEMBRE DE L'ACADÉMIE DES SCIENCES, DE L'INSTITUT.
IL CRÉA AVEC LAVOISIER LA NOMENCLATURE CHIMIQUE.
LA SCIENCE, L'INDUSTRIE ET LES ARTS
LUI DURENT DE NOMBREUSES ET IMPORTANTES DÉCOUVERTES.
IL FUT L'UN DES FONDATEURS DE LA SOCIÉTÉ
D'ENCOURAGEMENT POUR L'INDUSTRIE NATIONALE DE FRANCE.
NAPOLÉON LE DISTINGUA
ET VOULUT RECEVOIR DE LUI DES LEÇONS DE CHIMIE.
IL FIT PARTIE DE L'EXPÉDITION SCIENTIFIQUE D'ÉGYPTE.
A SON RETOUR
IL FUT NOMMÉ SUCCESSIVEMENT

DIRECTEUR DE L'AGRICULTURE, COMTE DE L'EMPIRE,
SÉNATEUR, GRAND-OFFICIER DE LA LÉGION D'HONNEUR,
TITULAIRE DE LA SÉNATORERIE DE MONTPELLIER,
CHEVALIER GRAND'CROIX DE L'ORDRE DE LA RÉUNION,
CHEVALIER DE L'ORDRE DE LA COURONNE DE FER,
PAIR DE FRANCE.

La statue de Berthollet est l'œuvre du baron Marochetti qui l'a exécutée gratuitement.

De l'autre côté de la place de l'Hôtel-de-Ville, on voit le Haras, l'église de Saint-Maurice et l'ancienne église de la Visitation.

Le HARAS occupe le rez-de-chaussée d'un grand bâtiment qui sert aussi de caserne. Depuis son établissement en Savoie, en 1806, on a pu constater une grande amélioration dans la race chevaline du pays; le nombre des étalons est de quarante environ qui desservent les départements de la Haute-Savoie, de la Savoie et de l'Isère.

L'ÉGLISE DE SAINT-MAURICE a été fondée en 1422 par le cardinal de Brogny, en même temps que le couvent de dominicains dont les bâtiments servent aujourd'hui de caserne. Jean Magnin, bourgeois de Crusilles, président de la Chambre des comptes du Genevois, concourut aux frais de construction de la voûte principale; ses armoiries sont sculptées sur les clés de voûte et celles du cardinal de Brogny sur les nervures. Elle ne fut livrée au culte que le 14 septembre 1445; Louis, duc de Savoie, assista à son inauguration avec une cour brillante. On y tint plusieurs synodes. Un grand nombre de familles seigneuriales y possédaient des caveaux souterrains; nous citerons entre autres, les seigneurs du Barioz, de Monthoux, de Sales, de Pingon, de Compey, de Luxembourg, d'Orlyé, d'Aviernoz et de Lornay. Elle est devenue paroissiale en 1803.

Bien que l'extérieur de l'église de Saint-Maurice soit très simple de forme, l'intérieur, d'un style gothique, présente dans son ensemble un certain caractère de grandeur; la nef principale surtout est remarquable par la hardiesse de sa coupe, par l'élégance de ses arcs-doubleaux et de ses arceaux; cependant on pourrait reprocher à la voûte et aux fenêtres d'être trop larges à proportion de la hauteur. Les bas côtés sont irréguliers et renferment des baies un peu lourdes et de différentes dimensions. Les murs latéraux et la voûte ont été couverts, il y a quelques années, d'ornements peints en grisaille qui sont loin d'être de bon goût.

On y remarque un maître-autel finement découpé en clochetons couronnés par la statuette du héros de la légion thébaine (1); les candélabres figurent des anges en cariatides; on y voit, en outre, plusieurs jolies statuettes en marbre blanc et trois bas-reliefs représentant les scènes principales du martyre de saint Maurice. Il n'y a pas de tableau remarquable.

Les restes de l'église du couvent de la grande Visitation, le premier de l'ordre fondé par François de Sales et Mme de Chantal, sont situés près de l'église de Saint-Maurice et sur le canal de la Halle. L'église de la Visitation a été bâtie à grands frais sur un embranchement du canal, d'après les plans de l'architecte Merle, d'Annecy; un au-

---

(1) Ce maître-autel est l'œuvre des frères Gilardi, artistes de talent dont l'atelier est à Annecy.

tre Annecien, Deschamps, sculpta les statues qui en ornaient l'intérieur. Elle fut consacrée en 1652 par Charles-Auguste de Sales.

« Les détails architectoniques aujourd'hui visibles, dit M. Camille Dunant (1), caractérisent ce style bâtard et maniéré que les Jésuites mirent en honneur dans toute l'Europe catholique, vers le milieu du XVIe siècle. La façade de cette église, en pierres de taille, est ornée de deux ordres d'architecture superposés : quatre pilastres d'ordre dorique supportent un entablement sur lequel reposent deux pilastres ioniques soutenant un fronton terminal. Entre les deux pilastres, qui sont accostés de deux grosses consoles renversées, s'ouvre une grande fenêtre cintrée dont le tympan tapissé d'une immense coquille est couronné par un pignon affectant la forme d'une anse de panier. La porte principale est rectangulaire et on y arrivait par un perron peu élevé, détruit il y a quelques années. On retrouve encore, parmi les ouvertures pratiquées récemment, quelques-unes des niches dont elle était ornée. Les murs latéraux sont soutenus par des contreforts dont les arcs-boutants s'accentuent en forme de croissant et se terminent par une énorme boule en pierre. »

Si l'on en croit les auteurs anciens, l'église de la Visitation d'Annecy était la plus riche de la Savoie. Elle avait été décorée de peintures à fresque par les frères Galliari, de l'école piémontaise ; on y voyait des sculptures en marbres précieux et des mosaïques exécutées à Rome et à Turin. On y célébra en grande pompe, en présence du prince de Piémont, la canonisation de saint

---

(1) Mémoire inédit.

François de Sales, et les reliques de ce dernier ainsi que celles de la mère de Chantal y restèrent déposées jusqu'en 1792. La châsse qui contenait le corps de saint François de Sales, œuvre d'art remarquable, avait été donnée par Marie-Christine de France, épouse de Victor-Amédée Ier, duc de Savoie

Ce fut dans l'église de la Visitation d'Annecy que Mme de Warens fit son abjuration solennelle, devant l'évêque Rossillon de Bernex.

De la place où s'élève la façade de l'église dont nous venons de parler, on aperçoit le Palais de l'Isle. Cette vieille construction, qui sert maintenant de lieu de refuge pour les vieillards, est située dans une île formée par la division du canal de la Halle et reliée aux quartiers voisins par deux petits ponts. Le bâtiment, peu approprié à sa destination actuelle, n'offre rien de remarquable et ne peut être cité qu'en raison des souvenirs qui s'y rattachent. Il est appelé dans de vieux titres *une maison forte à formé de galère*, et il appartint, jusqu'au milieu du XVIe siècle, à la famille des seigneurs de Monthoux, qui y avaient un droit particulier de juridiction. Afin de se débarrasser de cette juridiction, le duc Jacques de Genevois-Nemours acheta la *maison forte* avec tous les droits qui y étaient attachés, et la transforma en véritable palais de justice ; là furent réunis les auditoires et bureaux du Conseil, la Chambre des comptes, le juge-mage du Genevois, les archives, les greffes, les prisons ; la petite cour publique, à laquelle se rattachent les deux ponts, fut garnie d'une ceinture de petites boutiques soit *banches,* dans lesquelles les procureurs avaient établi leurs études Dès lors, centre des affaires judiciaires, l'ancien château des Monthoux prit le nom de *Palais de l'Isle*, qu'il porte encore de nos jours.

C'est dans une de ses salles que l'illustre président Antoine Favre, déjà connu de nos lecteurs, rendait la justice et qu'il adressait aux avocats plaidants ces remontrances célèbres, véritables cours de droit plus instructifs et plus profonds que ceux que l'on professait dans les meilleures universités du temps.

En retournant sur nos pas, nous rencontrons l'ÉGLISE DE SAINT-JOSEPH, sur la Place au Bois, et qui est une dépendance du couvent de ce nom ; elle est de construction moderne. L'autel est d'assez bon goût. On voit dans le couvent la chambre où habita pendant deux ans et demi M*me* de Chantal, pour s'y concerter avec saint François de Sales sur la fondation de l'ordre de la Visitation.

L'HÔPITAL, situé à une petite distance de la ville, sur la route d'Albertville, s'élève sur une éminence qui domine le lac. C'était autrefois un couvent de capucins, fondé en 1594 par Charles-Emmanuel, duc de Genevois-Nemours, et qui a été supprimé à l'époque de la Révolution française.

L'hôpital, restauré et agrandi récemment, est un des édifices les plus beaux d'Annecy et mérite d'être visité.

Le GRAND-SÉMINAIRE est un vaste bâtiment situé près de l'hôpital ; il a été établi en 1640 par l'évêque Guérin qui le confia à des prêtres de la congrégation des missions. La ville d'abord ne voulut pas recevoir ces prêtres ; mais sa résistance fut vaincue par une ordonnance de Charles-Emmanuel II, duc de Savoie, en 1675. Aujourd'hui les professeurs sont des prêtres séculiers

On y voit la chambre qu'occupa J.-J. Rousseau et qui de tout temps a porté le nom du célèbre philosophe. Ce nom, autrefois, était gravé dans l'embrasure de la fenêtre avec la date du séjour de Rousseau dans la maison. Les bâtiments ayant été remis à neuf, il y a quelques années, signature et date ont été effacées par les ouvriers.

On se rappelle que Rousseau demeura pendant quelque temps au séminaire d'Annecy où l'avait fait entrer Mme de Warens. Le futur philosophe ne put s'accommoder de la vie des séminaristes, et il fut rendu à sa protectrice comme un sujet peu capable, au reste bon garçon, disait-on, et point vicieux

Rousseau, dans ses *Confessions*, fait du supérieur un portrait bienveillant et drôlatique en même temps : M. Gros était un *bon petit homme, à moitié borgne, maigre, grison, le plus spirituel et le moins pédant lazariste qu'il ait connu.* Par contre, il maltraite un des professeurs qui lui avait fait prendre le latin en horreur : rancune d'écolier, que tous nous ressentons plus ou moins, mais que tous nous ne pouvons avoir la satisfaction malicieuse de faire connaître au monde entier en lui apprenant que l'homme qui nous a tyrannisé avait *des cheveux plats, gras et noirs, un visage de pain d'épice, une voix de buffle, un regard de chat-huant, des crins de sanglier au lieu de barbe!*

Pendant son séjour au séminaire d'Annecy,

Rousseau se lia étroitement avec un condisciple qui était son répétiteur en remplacement du *monstre* dont nous venons de parler, et des griffes duquel M. Gros l'avait arraché. Ce jeune ami de Jean-Jacques se nommait Gâtier et était doué de qualités éminentes Ce fut le type que choisit Rousseau pour son *Vicaire savoyard*.

Le Chateau de Trésun s'élève un peu au-dessus de l'hôpital ; il a été bâti par Charles-Auguste de Sales, évêque de Genève et neveu de saint François de Sales ; son nom, dit-on, rappelle la sainte Trinité : *tres in unum, Tresun*. Ce bâtiment, dont une portion a été détruite, n'a rien de remarquable dans sa construction ; tout son mérite se borne à être situé dans une position admirable ; de la galerie vitrée on jouit d'une vue superbe qui embrasse toute la plaine, la ville et une partie du lac.

On y voit quelques meubles Louis XV, plusieurs tableaux mythologiques qui seraient peut-être un peu risqués dans la demeure d'un évêque de nos jours, un portrait en pied de Louis de Sales, le bâton de commandeur à la main. Il y a aussi une galerie de portraits de famille, peints en majeure partie de fantaisie, par ordre de Charles-Auguste, qui avait la manie des généalogies et prétendait faire remonter sa famille aux prêtres saliens. Disons cependant qu'aucun de ces derniers ne figurent dans la galerie.

Il y a quelques années le château de Trésun était, dans la belle saison, le rendez-vous de la jeunesse brillante d'Annecy ; on y dansait, on y mangeait, on y buvait sans plus de façons que si l'édifice eût été une propriété publique.

Le Château, qui domine la ville et qui sert de caserne, a été la résidence des comtes de Genevois et des ducs de Genevois-Nemours. On ignore la date précise de sa construction. Défendu par des ouvrages extérieurs, munis jadis de créneaux, d'un pont-levis et de demi-tours dont il reste encore des arrachements ; relié par un mur aux remparts de la cité, il a dû occuper une place distinguée parmi les anciens châteaux forts du pays. Lorsque l'usage des armes à feu est venu lui enlever son importance militaire, il a perdu dans quelques-unes de ses parties le cachet du vieux manoir féodal, pour revêtir des formes modernes.

En analysant l'ensemble de ses constructions, d'âge et de style différents, il semble que l'on doit reconnaître les divers caractères que lui ont imprimés les deux familles de Genevois et de Nemours. Les tours qui commandent la ville, le corps de logis central percé d'étroites fenêtres divisées par des croix de pierre, les substructions de l'aile septentrionale, les grandes salles du rez-de-chaussée, encombrées d'une multitude de colonnes de pierre aux chapiteaux grossièrement équarris, font probablement partie du château habité par les comtes de Genevois. Il en est de même, selon toute apparence, de cette immense cuisine munie de deux cheminées dont les manteaux gigantesques couvrent tout un pan de mur.

La porte principale du château, découpée en ogive sillonnée de tores de la fin du XIV° siècle, cache dans l'épaisseur de ses voussoirs une gaine destinée à recevoir une herse.

A gauche du portail, qui est surmonté d'une ligne de machicoulis et d'échauguettes pour les sentinelles, on remarque un grand corps de logis revêtu de pierres de taille blanches, percé de grandes fenêtres ornées de moulures concaves et traversées par des meneaux prismatiques. Cette aile, la plus considérable de l'édifice, tranche sur les autres constructions plus anciennes par la grandeur de ses proportions, par la richesse de son ornementation et l'élévation de ses appartements lambrissés. Elle porte sur sa façade septentrionale la date de 1552; ce qui ferait supposer qu'elle a été construite sous Philippe, premier duc de Genevois-Nemours. Quoiqu'elle présente çà et là dans ses murs extérieurs des embrasures de canons, elle ressemble plutôt à l'hôtel d'un grand seigneur du XVIe siècle qu'à une construction militaire.

Si l'on en croit la tradition, la grosse tour en pierres de taille jaunâtres, qui est située au midi et que l'on désigne communément par le nom de *tour de la Reine* ou *de la Duchesse*, aurait été bâtie par une princesse de Nemours qui voulait lui donner une élévation telle, qu'on pût découvrir de son sommet la ville de Lyon : mais, comme la tour de Babel, elle est restée inachevée. Cette lourde construction communiquait avec le reste du château par une coursière et par le mur d'enceinte qui renfermait une galerie couverte dont on voit encore la porte murée. Elle n'a d'autres ouvertures que deux portes pratiquées à la moitié de sa hauteur et deux ou trois fenêtres.

Suivant nous, la tour de la Reine doit avoir fait partie du château des comtes de Genevois, car elle se rattache au plan général des constructions primitives ; d'un autre côté, les signes maçonniques, qu'on trouve gravés sur les ouvrages avancés, sur le portail et dans la galerie qu'il supporte, sur les murs et sur les marches de l'escalier de la tour, indiquent évidemment que toutes ces constructions datent de la même époque, c'est-à-dire du XIV siècle, si l'on s'en rapporte au caractère des tores du portail. On pourrait ajouter que l'emploi même des signes maçonniques sur les pierres de taille vient à l'appui de cette opinion. L'usage fréquent de ces signes date de la construction de la cathédrale de Strasbourg ; tous les sculpteurs et les tailleurs de pierre attachés à cette construction fondèrent, en 1278, la grande loge de Strasbourg, qui reçut des priviléges importants du pape Nicolas III ; les membres de cette loge se répandirent un peu partout, établirent d'autres loges, surtout en Allemagne, où ils édifièrent une grande quantité de monuments ; l'usage des signes gravés sur les pierres de taille se répandit avec les maçons, et surtout dans le XIIIe et le XIVe siècle.

C'est dans les flancs obscurs de la tour de la Reine qui se trouvait la salle du tribunal et de la question. Le fourneau de grès qu'on y voit encore servait à chauffer les instruments de torture ; au milieu de la salle même s'ouvre une trappe, c'est par là qu'on précipitait les condamnés dans une espèce de gouffre, connu sous le nom caractéristique d'*oubliettes*; des barres de fer horizontales faisaient tomber le corps de ces malheureux de cascade en cascade jusqu'au fond de la tour, où des lances tranchantes achevaient de réduire leur chair en lambeaux ! Passons vite..... la chair fumante, dont le moyen-âge était si friand, nous a toujours fait frissonner.

Au bas de la tour du nord se trouve une autre

prison, mais une prison qui ne réveille pas des souvenirs aussi terribles ; c'est la salle de police, le *crotone* où les soldats piémontais indisciplinés expiaient leurs écarts. Tous ne passaient pas leur temps, dans ce réduit, aussi philosophiquement que Xavier de Maistre lorsqu'il était aux arrêts ; ici les impressions se traduisent par des mots peu poétiques gravés sur les murs : *Brigand ! Vendetta !* sont les plus nombreux.

Les parts que nous avons faites aux deux familles de Genevois et de Nemours, dans la construction du château d'Annecy, s'appuient généralement sur des données tirées des caractères chronologiques de l'édifice, données plus ou moins conjecturales lorsqu'il s'agit de monuments qui comportent aussi peu d'ornements que les constructions militaires. Pour rendre à chacun son œuvre et reconstruire en entier l'ancien manoir des comtes de Genevois, qui a disparu en partie sous des restaurations modernes, il faudrait avoir les livres de compte des châtelains, des receveurs généraux et des trésoriers du comté de Genevois, ainsi que les *Contiez de Madame Mahaut de Boulon* (Mathilde de Boulogne, mère du comte de Genevois). Tous ces documents doivent exister dans les archives de cour à Turin. On verrait, par l'inventaire des meubles du château, quels riches ameublements paraient jadis ses immenses salles d'armes, ses vastes appartements dont les murs sont aujourd'hui si dépouillés et si nus. Ce riche inventaire fait, dit-on, une description pompeuse de toutes les tentures amovibles rehaussées d'or et de soie appelées *camere, chambres*, parce qu'elles servaient à décorer les pièces du château qui portaient ce nom ; de toutes les tapisseries de haute lisse historiées, enrichies de personnages empruntés à l'histoire ou à des scènes de la vie privée ; de tous les reliquaires, ornements d'église et ameublements de toute sorte qui étaient accumulés aux XIVe et XVe siècles dans cette résidence suzeraine (1).

La maison surmontée d'un petit campanile que l'on voit à droite du château, est celle des MISSIONNAIRES DE SAINT-FRANÇOIS, établissement fondé par l'évêque Rey, mort en 1842.

En descendant du château, par la grande rampe, on arrive dans la rue de l'Isle, puis dans la rue Sainte-Claire où se trouve l'*ancien évêché* (n°18), celui où a demeuré saint François de Sales. Ce bâtiment carré, avec une cour intérieure, ne renferme plus que quelques parties qui rappellent un hôtel du XVIe siècle ; les réparations modernes n'ont laissé à peu près intact qu'un portail dans le style de la Renaissance, terminé par un pignon que supportent des colonnes corinthiennes canelées ; ce portail conduit à un escalier dont les voûtes sont dessinées par des arceaux croisés.

(1) Une partie des détails qu'on vient de lire sur le château d'Annecy sont tirés d'un mémoire inédit sur les monuments que renferme l'arrondissement chef-lieu ; ce mémoire, que nous avons déjà cité, a été écrit en 1859 par notre ami M. Dunant Camille, sur la demande du ministre de l'intérieur sarde. Nous croirions manquer à notre devoir si nous ne remerciions pas ici M. Dunant de l'obligeance extrême qu'il a mise à nous communiquer ses savantes recherches, qui ont souvent facilité notre travail.

L'ancien évêché a appartenu primitivement à Antoine Favre qui l'habita pendant son séjour à Annecy ; lorsque l'illustre jurisconsulte quitta cette ville, il le donna à saint François de Sales qui en fit son palais épiscopal. Ce fut dans cette maison que l'Académie Florimontane tint ses séances et que Favre composa ses principaux ouvrages.

Tout à côté de l'ancien évêché se trouvent les restes du couvent de Sainte-Claire, occupés par la manufacture d'étoffes de coton. Ce couvent fut fondé en 1490 par Charles I, duc de Savoie, qui voulait y établir des religieuses de l'ordre de Saint-Dominique. Les anciens bâtiments, appropriés à leur destination actuelle, ne sont plus reconnaissables ; il ne reste que les arcades du cloître soutenues par des colonnettes de différentes formes.

En 1535, le duc de Savoie, Charles III, donna ce couvent aux sœurs de Sainte-Claire, chassées de Genève par la Réforme. Sœur Jeanne de Jussye, abbesse de la communauté à cette époque, a fait, dans un mémoire intitulé : *Le Levain du Calvinisme*, le récit du voyage des religieuses de Genève à Annecy.

Cette chronique, écrite dans un style empreint de la simplicité et de la bonhomie de l'époque, nous apprend toutes les tribulations de ces pauvres sœurs, sortant de Genève escortées par 300 gens d'armes pour les protéger contre la foule ameutée ; tombant en pâmoison tout le long de la route, à la vue des vaches qu'elles prenaient pour des ours, ignorantes qu'elles étaient des choses de ce monde. Jeanne de Jussye décrit ensuite son entrée à Annecy, qui eut lieu avec

grande pompe; chaque sœur était soutenue par deux gentilshommes. Dans ce récit, c'est toute la société du xvie siècle qui défile sous les yeux du lecteur. « Rien n'y manque : princes et prin-
« cesses de haut lignage, dames et grande no-
« blesse, bourgeoises et *autres dames,* puis *tou-*
« *tes manières de gens;* et dame *vicaire,* et les
« sieurs chanoines, et les *beaux pères,* et mon-
« sieur le juge, et monsieur le président ! Le
« coche est au complet, comme celui de Lafon-
« taine ; et jusqu'à monsieur le président avec
« *son bâton judicial,* qui marche en tête, fait
« faire place aux gens, et arrive tout exprès pour
« nous faire souvenir de certaine mouche em-
« pressée (1). »

Mais le couvent destiné aux sœurs réfugiées ne leur fournit pas tout le confortable que pouvait faire pressentir la réception; le bâtiment n'avait pas de portes et les fenêtres de l'église attendaient encore des vitres; les meubles les plus nécessaires, tels que lits et couvertures, n'existaient même pas, et durant tout l'hiver les sœurs couchèrent deux à deux sur la paille Cet état de dénûment prit fin peu après, et les religieuses passèrent une vie paisible dans leur cloître jusqu'en 1792; alors la Révolution les chassa pour toujours.

Citons encore comme un fait curieux, que deux sœurs du couvent de Sainte-Claire d'Annecy, étant allé quêter à Paris, en 1673, reçurent l'hospitalité dans la maison de Molière le jour même où on le rapporta moribond du théâtre; elles prodiguèrent les soins les plus empressés

(1) *Esquisse du vieil Annecy,* par Jacques Replat.

au célèbre écrivain, et elles seules reçurent son dernier soupir (1).

La MANUFACTURE d'étoffes de coton, qui occupe l'ancien couvent de Sainte-Claire, mérite aussi d'être visitée. Fondé en 1804 par M. Duport et dirigé dès 1828 par M. Jean Laeuffer, cet important établissement devint des plus prospères et se maintint dans une haute position jusqu'en 1860. Dès cette époque, la guerre d'Amérique, la concurrence des grandes manufactures françaises ont ralenti son travail. On y voit une machine à vapeur fixe de la force de 120 chevaux

Il occupait autrefois plusieurs autres bâtiments et notamment l'ancien hôpital situé près du cimetière, au bout de la rue et du faubourg du Sépulcre, et qui aujourd'hui sert de caserne. Ce bâtiment provenait des chanoines du Saint-Sépulcre établis à Annecy dans la première moitié du XIVe siècle.

En suivant la rue des Boucheries on arrive à la rue de l'Evêché où s'élèvent la cathédrale et le palais épiscopal.

La CATHÉDRALE fut bâtie environ en 1523, sous le vocable de *Sainte-Croix*, par messire Pierre de Lambert, évêque de Caserte, en même temps qu'un couvent qui occupait l'emplacement où est aujourd'hui l'évêché. Pierre de Lambert appela en premier lieu des célestins pour occuper ce couvent, et en 1535, il remplaça ces religieux par des cordeliers. Ces derniers eurent à subir

---

(1) Voir la *Biographie universelle*, art. Molière.

des tracasseries de la part des dominicains et des chanoines de la collégiale de Notre-Dame, et il fallut un bref du pape Clément VII pour les maintenir dans leur possession. Ayant ensuite accueilli dans leur église les chanoines de la cathédrale de Genève, chassés par la Réforme, ils se virent bientôt disputer leur propriété par ceux qu'ils avaient reçus en frères. Les chanoines, pour tenter de s'emparer du couvent et de l'église des cordeliers, usèrent de cet argument peu évangélique, que des chanoines devaient être préférés à des *mendiants*. La discorde régna dans le camp d'Agramant pendant dix-huit années, jusqu'à ce qu'un arrêt du sénat donnât gain de cause aux cordeliers. Dès lors l'église servit indifféremment aux chanoines et aux religieux ; mais en 1771, le pape Clément XIV déposséda ces derniers sans forme de procès et donna à l'évêque de Genève le couvent et l'église ; cette dernière prit alors le nom de Saint-Pierre et fut érigée en cathédrale.

« Cette église, dit M. Dunant dans le mémoire que nous avons déjà cité, porte, sur sa façade principale et dans son intérieur, l'empreinte de cette époque de transition où l'art ogival en décadence fait place au style néo-grec de la Renaissance. A côté des trois portes rectangulaires, surmontées d'un fronton aigu s'ouvrant sur un perron, apparaissent des fenêtres ogivales trilobées. Des simulacres de pilastres, indiqués par deux filets se détachant à peine des murs, supportent un lourd entablement avec ses trois parties constitutives. C'est la ligne horizontale grecque qui remplace les lignes ascendantes du style gothique. Sur l'entablement repose un attique terminé par un fronton portant des armoiries dans son tympan. Une immense rose étale ses élégantes pétales au milieu de l'attique.

« Par de récentes restaurations faites dans l'eglise, on a cherché à rappeler l'ornementation fleurie de la seconde moitié du xve siècle. Aux arabesques en grisaille des voûtes, on a substitué des teintes d'azur étoilées d'or ; les filets des nervures ont été dorés, les cavets nuancés de blanc, de vert et de rouge, de toutes les couleurs tranchantes employées à cette époque. Les murs ont été couverts de feuillages, de fleurons, de colonnettes rouges parsemées de dessins dorés. Des autels avec dais, pinacles, statues coloriées et avec nimbe, anges aux phylactères gothiques, ont remplacé les autels modernes. »

La cathédrale d'Annecy, bien que régulière dans son ensemble, manque de grandeur dans ses proportions et d'unité dans sa décoration.

On y voit au fond du chœur trois tableaux de mérite ; celui du centre, représentant saint Pierre secouru par l'ange, a été peint à Rome par Mazzola de Valduggia.

Les chanoines y ont un caveau funéraire dans la chapelle du Saint-Sacrement, où ont été déposés aussi les restes du célèbre P. Mac-Carthy.

L'Evêché, très bel édifice attenant à la cathédrale, a été bâti en 1784 sur l'emplacement qu'occupait le couvent des Cordeliers dont nous avons parlé plus haut. Il a été complètement réparé à l'intérieur après l'annexion. Ici nous devons dire quelques mots de l'origine de l'évêché d'Annecy et des évêques qui y ont résidé. Lorsque la Réforme devint toute puissante à Genève et que les prêtres catholiques ne furent plus en sûreté dans cette ville, l'évêque s'éloigna. Le chapitre et plusieurs corporations religieuses abandonnèrent aussi Genève et se réfugièrent à Annecy. Pendant trente-quatre ans, les évêques, qui avaient conservé le titre d'évêque de Genève, ne résidèrent pas avec leur chapitre.

Le premier qui vint se fixer à Annecy fut Ange Justinien ; il y arriva le 22 mai 1569 (1). Il voulut introduire quelques réformes dans son clergé, mais il eut tant de contrariétés à subir qu'en 1579 il échangea son évêché contre le prieuré de Talloires avec Claude de Granier. Il mourut à Gênes en 1596.

Après Ange Justinien, les évêques qui ont occupé successivement les siéges épiscopaux de Genève et d'Annecy sont les suivants :

Claude de Granier naquit à Yenne en 1548 et mourut à Thonon en 1602.

Saint François de Sales naquit au château de Thorens en 1567 et mourut en 1622.

Jean-François de Sales, frère du précédent, mourut en 1635. Il se fit remarquer par le zèle qu'il déploya pour le soulagement des infortunés atteints de la peste, en 1629 et 1630.

Justin Guérin, religieux barnabite, né en 1578 à Tramoy, près de Montluel en Bresse, fut nommé évêque le 25 juin 1639. Il mourut à Rumilly le 3 novembre 1645. Avant d'occuper le siége épiscopal de Genève il fut chargé de recueillir les documents nécessaires pour la béatification de François de Sales.

Charles-Auguste de Sales, neveu de saint François, naquit en 1606, fut élevé à la dignité épisco-

---

(1) Notes manuscrites du chanoine David.

pale en 1645, et mourut en 1660 au château de Trèsun.

Jean d'Aranthon d'Alex, né en 1620, fut évêque en 1660 et mourut en 1695 à Abondance, en Chablais.

De Rossillon de Bernex naquit en 1657, près de Genève; il fut d'abord évêque d'Aoste, en 1696, et ensuite évêque de Genève, en 1697. Il mourut en 1734.

Ce fut sous l'épiscopat de Rossillon de Bernex que J.-J. Rousseau fit son séjour à Annecy. Par sa liaison avec Mme de Warens, le futur philosophe eut l'occasion de voir souvent le directeur spirituel de la nouvelle convertie ; il l'appelle dans ses *Confesssions, le bon évêque de Bernex*, et dit qu'il ressemblait sur bien des points à François de Sales, mais avec moins d'esprit.

Ceci nous rappelle une anecdote assez piquante que raconte J.-J. Rousseau lui-même. Le feu prit un jour dans un bâtiment des cordeliers attenant à la maison de Mme de Warens. Rousseau voyant les flammes couvrir cette maison, poussées qu'elles étaient par un vent très violent, se mit à jeter par la fenêtre tout ce qui lui tombait sous la main ; il fut arrêté dans son ardeur au moment où il allait lancer dans l'espace une grande glace, qui certes avait moins de risques à courir dans l'appartement.

Il descendit alors dans le jardin, où il trouva l'évêque de Bernex et Mme de Warens agenouillés, priant Dieu de conjurer le danger. Sincèrement catholique à cette époque, Rousseau se mit aussi en prière. Tout-à-coup le vent changea, mais si brusquement et si à-propos, dit-il, que les flammes qui couvraient la maison et entraient déjà par les fenêtres, furent portées de l'autre côté de la cour, et la maison n'éprouva aucun dommage

Après la mort de l'évêque de Bernex, les antonins, ses anciens confrères, voulurent le faire béatifier, et à leur prière, Rousseau délivra une attestation du fait que nous venons de rapporter, et en le présentant comme un miracle, ce dont il s'excuse dans ses *Confessions*, en disant qu'il avait été de bonne foi et que l'amour du merveilleux, sa vénération pour le vertueux prélat, l'orgueil secret d'avoir peut-être contribué lui-même au miracle, avaient aidé à le séduire.

Après la publication des *Lettres de la montagne*, Fréron retrouva et publia le certificat de Rousseau, qui avoue lui-même que la découverte était heureuse et que l'à-propos lui a paru plaisant.

Le successeur de l'évêque de Bernex fut M. de Chaumont, né à Chambéry en 1701; il devint évêque en 1741 et mourut en 1763.

Il fut remplacé par Jean-Pierre Biord, né en Faucigny en 1719, préconisé en 1764 et mort en 1785. Il entretint une longue correspondance avec Voltaire qu'il voulait ramener dans le sein de l'Église catholique. Sa lettre la plus remarquable au philosophe de Ferney est datée du 11 avril 1768, quelque temps après que Voltaire eut commis cet acte ridicule et de fanfaronnade inutile de communier dans l'église de son village.

Joseph-Marie Paget, de Saint-Julien, devint évêque de Genève en 1787. Il donna sa démission après le concordat, par lequel l'évêché de Genève était supprimé.

La ville d'Annecy, dès cette époque, fit partie

de l'évêché de Chambéry jusqu'en 1822, année où elle fut érigée en siége épiscopal. Le premier évêque d'Annecy fut Claude-François de Thiollaz, né à Chaumont en 1752, préconisé en 1823 et mort en 1832. Il eut pour successeur Pierre-Joseph Rey, mort en 1842, et qui a été remplacé, en 1843, par Louis Rendu, décédé en 1859. Mgr Magnin, évêque actuel, a été installé en 1861.

Nous avons rappelé plus haut le souvenir de Mme de Warens; c'est donc le moment de dire quelques mots de son séjour à Annecy, en cherchant à découvrir où était la maison qu'elle habitait lorsqu'elle donna l'hospitalité à Jean-Jacques Rousseau, hospitalité dont l'illustre philosophe se montra plus tard si peu reconnaissant, par ses aveux compromettants et souvent suspects (1).

Mais comment retrouver cette maison qui, si elle existait encore, serait un lieu de pèlerinage, tant les cœurs se sont épris de l'héroïne des *Confessions*? Pourquoi ne pouvons-nous pas dire: — Sa chambre, la voilà et voilà son jardin; c'est ici que Rousseau la vit pour la première fois! L'intérêt qu'inspireraient ces murs, ces allées dont chaque coin évoquerait un souvenir précieux, dépasserait de beaucoup celui qui s'attache aux Charmettes, où le cœur de Rousseau n'apparaît plus aussi frais, aussi jeune, aussi sincèrement tendre qu'à Annecy. Hélas! le marteau du maçon, impitoyable démolisseur, a renversé d'un seul coup les lieux

---

(1) Voir à ce sujet la *Note sur madame de Warens*, par J. Replat.

qui avaient été les premiers témoins, des plus beaux jours de la vie de Jean-Jacques.

« Je dois me souvenir du lieu (dit Rousseau en parlant de l'endroit où il vit pour la première fois Mme de Warens), je l'ai souvent depuis mouillé de mes larmes. Que ne puis-je entourer d'un balustre d'or cette heureuse place ! que n'y puis-je attirer les hommages de toute la terre ! Quiconque aime à honorer les monuments du salut des hommes n'en devrait approcher qu'à genoux.

« C'était un passage derrière sa maison, entre un ruisseau à main droite qui la séparait du jardin, et le mur de la cour à gauche, conduisant par une fausse porte à l'église des cordeliers. »

Plus loin il dit encore : « Elle habitait une vieille maison, mais assez grande pour avoir une belle pièce de réserve, dont elle fit sa chambre de parade, et qui fut celle où l'on me logea. Cette chambre était sur le passage dont j'ai parlé, où se fit notre première entrevue ; et au-delà du ruisseau et des jardins on découvrait la campagne. » Puis, lorsque Rousseau parle de l'incendie dont nous avons dit quelques mots à propos de l'évêque de Bernex, il nous apprend *que le feu prit à un bâtiment des cordeliers attenant à la maison de Mme de Warens.*

Ce dernier passage nous indique clairement que l'habitation de Mme de Warens était située à la droite de la cathédrale, car là seulement se trouvaient les bâtiments des cordeliers ; mais le tout a été démoli en 1784, lorsque l'évêque Biord fit construire l'évêché actuel. La maison de Mme de Warens appartenait, dit-on, à une famille qui avait nom de Boëge; le ruisseau, c'était le canal de Thiou qui se trouve encore derrière l'évêché; le jardin occupait une partie de celui de l'évêché et l'emplacement où s'élève aujourd'hui l'*hôtel d'Angleterre*. Rousseau pouvait, de la fenêtre de sa chambre, découvrir la campagne soit la plaine des Fins, car, à cette époque, les maisons de la rue Royale n'étaient pas construites.

Tout cela a disparu! Il ne reste plus que le souvenir de ces lieux où Rousseau aimait à se bercer de la douce illusion de passer « ses jours, ses ans et sa vie entière dans une inaltérable tranquillité. »

La maîtrise, où Jean-Jacques passa aussi quelques heureux jours, était située vis-à-vis de la cathédrale, à vingt pas de l'habitation de Mme de Warens. Là encore tout a été changé! Le bonheur dont jouit Rousseau dans cette école des enfants de chœur, où se développa son goût pour la musique sous la direction du maître de chapelle Le Maître, resta profondément gravé dans son esprit. C'est un des souvenirs les plus doux qu'il aime à rappeler dans ses *Confessions*, et à ce titre il nous sera bien permis de reproduire le passage dans lequel il le retrace :

« Durant six mois entiers je ne sortis pas une
« seule fois que pour aller chez maman (1) ou à
« l'église, et je n'en fus pas même tenté. Cet in-
« tervalle est l'un de ceux où j'ai vécu dans le
« plus grand calme, et que je me suis rappelé
« avec le plus de plaisir. Dans les situations di-
« verses où je me suis trouvé, quelques-uns ont

---

(1) On sait que Rousseau donnait ce nom à madame de Warens.

« été marqués par un tel sentiment de bien-être,
« qu'en les remémorant j'en suis affecté comme
« si j'y étais encore. Non seulement je me rap-
« pelle les temps, les lieux, les personnes, mais
« tous les objets environnants, la température
« de l'air, son odeur, sa couleur, une certaine
« impression locale qui ne s'est fait sentir que
« là, et dont le souvenir vif m'y transporte de
« nouveau. Par exemple, tout ce qu'on répétait
« à la maîtrise, tout ce qu'on chantait au chœur,
« tout ce qu'on y faisait, le bel et noble habit
« des chanoines, les chasubles des prêtres, les
« mitres des chantres, la figure des musiciens,
« un vieux charpentier boiteux qui jouait de la
« contre-basse, un petit abbé blondin qui jouait
« du violon, le lambeau de soutane qu'après
« avoir posé son épée M. Le Maître endossait par
« dessus son habit laïque, et le beau surplis fin
« dont il en couvrait les loques pour aller au
« chœur; l'orgueil avec lequel j'allais, tenant ma
« petite flûte à bec, m'établir dans l'orchestre à
« la tribune pour un petit bout de récit que
« M. Le Maître avait fait exprès pour moi : le
« bon dîner qui nous attendait ensuite, le bon
« appétit qu'on y portait; ce concours d'objets
« vivement retracés m'a cent fois charmé dans
« ma mémoire, autant et plus que dans la réa-
« lité. J'ai gardé toujours une affection tendre
« pour un certain air du *Conditor alme siderum*
« qui marche par ïambes, parce qu'un diman-
« che de l'Avent j'entendis de mon lit chanter
« cette hymne avant le jour sur le perron de la
« cathédrale, selon un rite de cette église-là.
« Mlle Merceret, femme de chambre de maman,
« savait un peu de musique : je n'oublierai ja-
« mais un petit motet *Afferte* que M. Le Maître

« me fit chanter avec elle, et que sa maîtresse
« écoutait avec tant de plaisir. Enfin tout, jus-
« qu'à la bonne servante Perrine, qui était si
« bonne fille et que les enfants de chœur fai-
« saient tant endêver, tout, dans les souvenirs
« de ces temps de bonheur et d'innocence, re-
« vient souvent me ravir et m'attrister. »

Ce fut aussi pendant son séjour à la maîtrise que Rousseau connut Venture de Villeneuve, cet être excentrique, musicien, plein d'esprit et de talents, folâtre, inépuisable, séduisant dans la conversation, souriant toujours et ne riant jamais. « Il était difficile, dit Jean-Jacques, qu'avec tant de talents agréables, dans un pays où l'on s'y connaît et où on les aime, il restât borné longtemps à la sphère des musiciens. »

En effet, Venture, de l'aveu de son ami qui le prit un instant pour modèle, fut bientôt fêté dans tout Annecy ; les dames se l'arrachèrent et ses succès de salon montèrent si haut que Rousseau en eut la tête tournée.

En regagnant la rue des Boucheries et en se dirigeant à droite, on arrive dans la rue Royale, qui est la plus belle d'Annecy. A l'entrée de cette rue se trouve l'hôtel de la Banque de France et un peu plus bas l'église et le couvent de la Visitation. L'église renferme les corps de saint François de Sales et de sainte Jeanne de Chantal. On y voit un magnifique maître-autel en marbre blanc, présent de la feue reine douairière de Sardaigne. Cette église et le couvent ont été construits en 1825.

En s'avançant vers l'intérieur de la ville, après avoir passé devant l'*Hôtel d'Angleterre* et le bureau de la poste qui se trouve vis-à-vis, on arrive à un carrefour où aboutissent la rue Royale, la rue de Bœuf à gauche, la rue du Pâquier en face et la rue Notre-Dame à droite.

Dans cette dernière s'élève l'ÉGLISE DE NOTRE-DAME-DE-LIESSE, reconstruite dans le style de la Renaissance et qui n'offre rien de bien remarquable. Elle n'intéresse que par les souvenirs qui s'y rattachent, souvenirs que son vieux clocher rappelle seul aujourd'hui.

Une petite chapelle existait déjà dans le XIIIe siècle sur le même emplacement; elle était dédiée à la Vierge, sous le nom de *Notre-Dame-de-Liesse,* et s'était acquis une grande renommée par les miracles qui s'opéraient, disait-on, en faveur de ceux qui venaient y prier. Un grand nombre de pèlerins y accouraient de tous les pays, et là ils trouvaient le logement, la nourriture et tous les soins nécessaires, dans un hôpital soutenu par les aumônes et les offrandes, et qui a été ainsi l'origine de l'établissement de charité que possède Annecy aujourd'hui.

Dans le milieu du XIVe siècle, la chapelle de Notre-Dame-de-Liesse fut transformée en une église à trois nefs par Amé III, comte de Genevois, qui y fut enseveli en 1367. Le troisième fils de ce prince, Robert de Genève, élu pape à Avignon sous le nom de Clément VII, s'attacha à augmenter l'importance de Notre-Dame-de-Liesse, et continua ainsi l'œuvre inachevée de son père. Par une bulle du 14 des calendes de mai 1388, il institua un jubilé qui devait se célébrer tous les sept ans et qui prit le nom de *grands pardons;* des indulgences plénières étaient accordées à tous ceux qui, pendant cette solennité, venaient visiter l'église et faisaient une aumône à la fabrique ou à l'hôpital. Ce jubilé attirait un concours immense de pèlerins, et pendant les trois jours qu'il durait l'église et la tour du clocher formaient un vaste confessionnal.

Clément VII fit plus encore, il érigea Notre-Dame en collégiale; mais cette érection n'eut son effet qu'en 1395, sous Benoît XIII.

Les priviléges accordés à Notre-Dame-de-Liesse par Clément VII furent confirmés par Benoît XIII en 1409, par Eugène IV en 1434, par le concile de Bâle en 1437, par Sixte IV en 1472, par Innocent VIII en 1485 et par Léon X en 1514.

Les princes de Genevois-Nemours choisirent cette église pour leur tombeau. A la Révolution française, elle fut en partie détruite, et les restes des souverains d'Annecy, qui étaient déposés dans une chapelle située sur la place actuelle, furent tous réunis et déposés au cimetière dans la même tombe. Les registres de la municipalité constatent que les frais occasionnés par ce transport se montèrent à la somme de *trente livres*.

Le 21 juillet 1568, l'église de Notre-Dame vit le *Saint-Suaire* exposé à la vénération publique par les cardinaux de Lorraine et de Guise. Cette relique avait été apportée de Chambéry à la prière d'Anne d'Este, duchesse de Genevois-Nemours, dont le portrait authentique existe aujourd'hui dans la cure (1).

---

(1) Dans le moyen-âge, les enfants de chœur officiaient à l'église de Notre-Dame le jour des Innocents; cette coutume, qui avait quelque rapport avec la fête des fous qui se célébrait dans quelques églises de France, fut abolie par délibération du Chapitre le 21 décembre 1511.

Le Clocher de Notre-Dame est l'édifice religieux le plus ancien d'Annecy, en même temps que le clocher romano-bysantin le plus monumental de la Savoie. Il présente quelque analogie avec celui d'Ainay, souvent reproduit par la gravure, et il serait complet si le vilain toit qui le recouvre était remplacé par les quatre clochetons et la pyramide terminale qu'il avait avant 1793, et si le frontispice de l'église, appliqué comme un placage sur sa base, ne rompait pas sa magistrale unité.

La date de sa construction est inconnue. Suivant M. C. Dunant, si l'on veut apprécier son âge d'après les règles ordinaires du synchronisme du style, on doit dire que l'élévation, l'élégance de ses proportions générales et des détails de son ornementation, le classent parmi les monuments de la seconde période romano-bysantine, qu'on place généralement au XIIe siècle; l'art roman s'était dépouillé des formes pesantes des siècles précédents pour en revêtir de plus élancées. Cependant, comme la ville d'Annecy était trop petite bourgade au XIIe siècle pour avoir un clocher aussi important, et que d'un autre côté, la chapelle de Notre-Dame-de-Liesse, à laquelle il a dû être annexé, ne date que du XIIIe siècle, on pense qu'il fut construit à cette dernière époque. Il ne serait pas étonnant, du reste, que le style romano-bysantin se fût perpétué dans notre pays jusqu'au XIIIe siècle, ainsi que cela est arrivé dans le Lyonnais.

Quelques personnes prétendent que le clocher de Notre-Dame a dû être construit vers le milieu du XIVe siècle, alors que la chapelle a été transformée en une église à trois nefs par le comte Amé III ; cette opinion est difficile à admettre, parce qu'il est peu vraisemblable que l'on ait élevé au XIVe siècle un édifice roman côte à côte d'une église gothique.

En 1793, le clocher de Notre-Dame fut vendu comme propriété nationale, et l'on en commença la démolition ; le toit et les quatre clochetons ne résistèrent pas au marteau ; mais lorsqu'on attaqua les robustes assises du couronnement de l'édifice, les pics se brisèrent, et le monument fut sauvé. L'acheteur, qui était conseiller municipal, fit résilier le marché sous prétexte qu'il avait traité illégalement et sans autorisation spéciale avec un corps municipal dont il était membre.

Il n'est pas inutile de dire que depuis un temps immémorial, le clocher de Notre-Dame sonne le tocsin d'alarme dans les sinistres, convoque les représentants de la commune aux assemblées consulaires et appelle à l'étude les élèves du collége. En joignant à ces trois priviléges que possèdent les cloches de Notre-Dame, le travail ordinaire qui leur est imposé, on se fera une idée de la fatigue qu'elles doivent éprouver : il faut bien le dire en passant, Annecy est la ville de la Savoie où l'on sonne le plus, ce que nous nous garderons bien de présenter comme un mérite.

Dans la rue du Pâquier on remarque une ancienne maison dont la façade est ornée de quatre bustes sculptés sur pierre et représentant les quatre saisons. C'est la dernière maison d'habitation à Annecy de la famille de Sales dont la branche mâle est éteinte.

A l'extrémité de la rue du Pâquier et au delà du pont, s'élève le THÉATRE, reconstruit en 1864 sur les plans de l'architecte de ville, M. Porreaux. La salle est très élégante et se fait remarquer par son acoustique excellent. L'ancienne salle avait été construite sur le même emplacement, en 1825, par une société d'actionnaires qui la céda ensuite à la ville.

De l'autre côté de la place se trouve l'*Hôtel de Genève*, le mieux situé de tous les hôtels d'Annecy, par sa proximité des promenades et du lac.

Une partie de cet hôtel et des bâtiments occupés par la manufacture d'Annecy et Pont, dont nous avons parlé, formaient autrefois l'ABBAYE DE BONLIEU. On ne voit presque plus rien de cet ancien établissement que des constructions modernes ont remplacé; quelques colonnes du cloître et une chapelle en gardent seules le souvenir. Ce couvent fut d'abord habité par des bernardines qui furent supprimées en 1753. Les Dames de Bonlieu, de l'ordre de Citeaux, les remplacèrent en 1754; ces religieuses avaient abandonné l'ancienne abbaye de Bonlieu près de Sallenôves, sur la route d'Annecy à Seyssel, et s'étaient établies en 1644 à Annecy, dans le faubourg de Bœuf. En 1773, on leur adjoignit les religieuses de Sainte-Catherine près d'Annecy, couvent aujourd'hui complètement détruit et qui avait été fondé au commencement du XIIIe siècle par Béatrix, fille de Vuillerme ou Guillaume comte de Genevois. Dans la nuit du 14 au 15 octobre 1780, un incendie détruisit l'église, l'autel et le chœur du couvent de Bonlieu; les cloches furent fondues et les provisions de vin et de fourrage consumées. On rebâtit ce que le feu avait dévoré, et le 3 octobre 1783, l'évêque Biord bénit la nouvelle église; mais la Révolution arriva bientôt qui mit fin à l'existence de l'abbaye.

Plus loin se trouve la CASERNE DE GENDARMERIE, derrière, les PRISONS, bâtiments construits depuis l'annexion de la Savoie à la France, et sur la droite, dans la plaine, le couvent des sœurs de la *Congrégation Pie de l'Immaculée Conception,* asile de vieillards, construit en 1866 et 1867.

Enfin, près de la promenade du Pâquier, s'élève la PRÉFECTURE, vaste construction dans le style Louis XIII, dont les plans sont dus à M. L. Charvet, architecte de Lyon. Elle a été commencée en 1861 et terminée en 1865.

TROISIÈME PARTIE

TOUR DU LAC

Le lac. — Habitation d'Eugène Suë. — Maison de Jean-Jacques Rousseau. — Veyrier. — Menthon, son château et ses bains. — Saint-Jorioz. — Sévrier. — Un souvenir de Regnard. — Talloires, son abbaye et la maison de Berthollet. — Ermitage de Saint-Germain. — Duingt et ses châteaux. — La maison de Custine. — La vaisselle du maréchal Lesdiguières. — Bredannaz. — Le bout du lac. — Doussard et sa forêt vierge. — La vallée et la ville de Faverges. — L'abbaye de Tamié.

Le lac d'Annecy est compris entre les latitudes 45°47' et 45°55' Nord, et entre les longitudes 3°41' et 3°47' Est de Paris. Sa longueur est de 14 kilomètres et sa plus grande largueur (de Sévrier à la rive opposée) est de 3 kilomètres et demi. Sa superficie est d'environ 2,800 hectares. Il est élevé de 446 mètres au-dessus du niveau de la mer, et sa plus grande profondeur est de 62 mètres, entre Sévrier et Veyrier (4). Il a gelé en entier en 1573 et en partie en 1681, 1682, 1799 et 1830.

(4) Voir l'excellent mémoire sur le lac d'Annecy publié par M. Boltshauser dans les numéros 1 et 2 de la *Revue savoisienne*, 1860.

Les affluents du lac d'Annecy sont : 1° Le *Laudon*, qui descend de la vallée de Saint-Eustache : 2° la *Bournette*, qui sort des gorges de la montagne d'Entrevernes ; l'*Ire*, qui provient de la forêt de Doussard ; 4° l'*Eau morte*, qui vient de Faverges.

On y trouve plusieurs sortes de poissons : la truite (*salmo fario*); la perche (*perca fluviatilis*); la lotte (*gadus lota*); la carpe *cyprinus carpio*); le véron (*cyprinus phoxinis*) ; le chevaine (*cyprinus dobula*); le blageon, appelé aussi truite bâtarde ; la tanche (*cyprinus tinca*) ; l'anguille (*muræna anguilla*), très rare ; la dormille (*cobitis barbatula*) ; le chabot (*cottus gobio*). Le brochet a complètement disparu depuis quelques années.

Pendant certaines saisons de l'année, on rencontre sur le lac d'Annecy plusieurs oiseaux aquatiques, dont les plus ordinaires sont : le grèbe cornu (*podiceps cornutus*); le grèbe huppé (*podiceps cristatus*); le grand cormoran (*carbo cormoranus*); le canard souchet (*anas clypeata*); la sarcelle d'hiver (*anas crecca*), le canard sauvage (*anas boschas*) ; la mouette rieuse (*larus ridibundus*); la foulque macroule (*fulica atra*); l'huîtrier pie (*hæmatopus ostralegus*); le héron crabier (*ardea ralloides*); le héron blougios (*ardea minuta*), etc.

Le commerce de transport sur le lac d'Annecy est peu important, parce qu'il n'y a pas de gros bourgs dans les alentours. Les barques ne transportent que du plâtre, du bois et du charbon.

La navigation a gagné beaucoup, toutefois, depuis l'établissement d'un bateau à vapeur donné par Napoléon III, en 1862, à la municipalité d'Annecy.

Les rives du lac d'Annecy, couvertes de prairies et de vignobles au milieu desquels sont parsemés de charmants villages et de jolies villas, présentent un aspect des plus pittoresques. L'historien et l'archéologue peuvent y faire une ample moisson de notes intéressantes; le touriste, en les parcourant, voit s'étaler à ses yeux des paysages qui ne le cèdent en rien à ceux de la Suisse; le poète même peut y rêver à son aise en contemplant ces vallons si riants, où tout respire le calme et le bonheur

Le touriste qui entreprend de faire le tour du lac en bateau à vapeur, voit tout d'abord, en arrivant au milieu de la rade, se dérouler devant lui un magnifique panorama. La ville se présente sous son aspect le plus pittoresque, dominée par le château qui apparaît dans toute sa majesté. Sur la gauche, le quai des Marquisats et la route de Faverges courent au pied d'un verdoyant coteau sur lequel s'élèvent l'hôpital, le séminaire et quelques villas. Au centre, le jardin public, la promenade du Pâquier et la Préfecture forment un tableau des plus gracieux, encadré sur la droite par la riante colline d'Annecy-le-Vieux.

La première maison que l'on aperçoit en se rapprochant de la rive orientale du lac, cette modeste habitation située à mi-côte au-dessous du rocher de Talabar, est celle où demeurait et où et mort un célèbre romancier, Eugène Suë. Cette maison est vulgairement connue sous le nom de *La Tour*.

Qu'il nous soit permis de retracer ici quelques traits de la vie intime de l'hôte illustre de la Tour; il est de notre devoir de lui donner cette preuve de reconnaissance, à lui qui aimait et qui avait à cœur de faire aimer notre contrée ; à lui que nous avons eu le bonheur de connaître et dont nous avons pu apprécier les qualités de cœur et d'esprit. Il va sans dire que nos appréciations ne porteront que sur l'homme privé, et que nous n'avons pas la prétention de porter un jugement sur l'homme public.

En choisissant la Savoie pour lieu d'exil, l'auteur des *Mystères de Paris* n'avait pas obéi à un pur caprice ni au hasard ; il venait auprès d'un ami qui lui avait offert l'hospitalité et voulait apporter un adoucissement à ses déceptions. M. E. Masset installa Eugène Suë dans sa maison de campagne des Barattes.

Après quelques mois de séjour chez son ami, Eugène Suë, enchanté de la beauté des environs d'Annecy, loua une petite maison champêtre à Vignères, au pied de la colline d'Annecy le-Vieux. Puis, deux ans après, il vint habiter la Tour.

Un cabinet de travail, une salle à manger, trois chambres à coucher et une cuisine, composaient cette nouvelle demeure. Sur une petite galerie en bois, E. Suë venait parfois se reposer de son travail et rêver en arrêtant ses regards sur la chaîne du Jura, derrière laquelle était la France. Parfois aussi, il allait visiter quelques fleurs étalant leurs riches couleurs dans un étroit jardin, comme pour distraire le proscrit, qui les payait de leur parfum par des soins assidus. Cette modeste habitation restera célèbre, car elle a été le dernier séjour du grand écrivain ; c'est là qu'il a écrit ses dernières pensées, c'est là qu'il a rendu le dernier soupir .. Triste privilége, hélas!

Depuis le jour où il est arrivé en Savoie, jusqu'au dernier moment de sa vie, E. Suë s'est livré à un travail extraordinaire, qui a contribué à la ruine de sa santé, de l'avis même des médecins. Du reste, cet excès de travail s'explique facilement : on ne quitte pas la sphère bruyante et remplie d'émotions dans laquelle se meut l'homme qui a un grand nom, pour tomber dans la vie calme et relativement monotone de la campagne, sans ressentir le besoin de combler le vide produit par un tel changement, surtout si l'exil est là pour rendre ce vide plus sensible. E. Suë ne pouvait trouver que dans le travail un remède au mal moral qui l'accablait ; il tuait le corps pour soulager l'âme ; il éprouvait ainsi une amélioration morale, mais elle n'était qu'apparente et ne faisait que tromper sa douleur.

E. Suë se levait régulièrement à cinq heures du matin et ne quittait son fauteuil qu'à trois heures après midi ; pendant ce temps il ne recevait personne. Après quatre heures de travail, il prenait un léger repas, mais sans sortir de son cabinet. A trois heures après midi, si le temps le permettait, s'armant d'un bâton ferré, il gravissait les montagnes qui entourent le lac d'Annecy, et ne rentrait qu'à sept ou huit heures pour dîner.

Lorsqu'il n'était pas accompagné de l'un de ses amis dans ses courses, E. Suë se faisait suivre d'un guide, bon et naïf enfant de Chavoires et qui lui était attaché comme à un père, le brave *Ravio*, dont il est parlé dans l'*Histoire d'une page de mes livres*. Ravio ne l'abandonnait pas un instant ; il le soutenait dans les passages difficiles, l'encourageait dans la fatigue, et tous deux devisant de bois, de forêts, de culture, faisaient leur chemin sur les rocs. C'était un spectacle saisissant, il faut l'avouer, que de voir ces deux hommes, dont l'un était si puissant d'intelligence et l'autre si simple, cheminant côte à côte comme deux amis en voyage; parfois ils s'arrêtaient, et s'asseyant sur la même pierre, ils contemplaient le paysage. E. Suë s'extasiait et essayait de faire partager son admiration à son guide; mais Ravio se bornait à faire un signe d'assentiment avec la tête : dans son esprit, il cherchait à s'expliquer ce qu'il pouvait y avoir de beau dans ces montagnes au milieu desquelles il était né, et dont la vue journalière l'avait blasé. Ravio avait un tel respect pour E. Suë, qu'il n'aurait pas osé le contredire à haute voix, mais intérieurement il faisait ses réserves.

Après le travail et les courses dans les montagnes, E. Suë n'avait d'autre distraction que celle de dîner deux fois par semaine avec cinq ou six amis. Dans ces réunions intimes, le grand écrivain se montrait toujours bon et affable, que la conversation fût sérieuse ou qu'elle eût pour sujet des questions futiles et légères. Au reste, dans les discussions sérieuses il parlait avec quelque difficulté, et souvent il cherchait les mots propres à exprimer sa pensée; celui qui l'aurait entendu causer, sans le connaître, ne se serait pas douté qu'il avait devant lui l'auteur de *Mathilde*, du *Juif-Errant*, des *Mystères du Peuple* et de tant d'autres chefs-d'œuvre. Mais il disait admirablement les histoires pour rire, dont il possédait un recueil des plus complets dans sa mémoire; ses amis se souviendront pendant longtemps des délicieuses soirées qu'il leur a fait passer, grâce à ses spirituelles narrations.

E. Suë redoutait les discussions violentes; c'est un des traits de son caractère qui prouve le mieux combien est imméritée la réputation que lui ont faite quelques-uns de ses ennemis d'avoir été un homme emporté.

Nous avons vu cet homme *violent* quitter brusquement une de ces réunions intimes dont nous avons parlé, parce que la discussion était devenue un peu orageuse. Après un fait pareil, il est inutile de dire que E. Suë parlait toujours avec le plus grand calme, sans jamais s'emporter; si bien, que lorsque d'aventure il laissait échapper un mot un peu plus expressif que d'ordinaire, sa figure conservait quand même cette expression bonne et tranquille qui lui était habituelle, expression qui jurait avec le mot échappé de ses lèvres.

Bien que vivant dans la retraite la plus absolue, E. Suë ne put échapper, même sur la terre de l'exil, aux attaques des pamphlétaires. Dans le pays, quelques individus ne reculèrent pas devant les accusations les plus graves pour ternir sa réputation auprès des gens qui le voyaient chaque jour aider les malheureux sans ostentation, et pratiquer la charité mieux que beaucoup d'autres qui se targuent d'être confits de bonnes œuvres. Ils reprochèrent d'abord au gouvernement sarde l'hospitalité qu'il avait accordée à l'auteur du *Juif-Errant;* puis, rendus plus furieux par le respect que s'était attiré l'illustre écrivain, ils le poursuivirent à outrance, sans trêve ni pitié, et ne laissèrent échapper aucune occasion de le frapper. On parla même de l'excommunier; on chercha à intimider ceux qui l'approchaient pour le servir; mais tous ces efforts furent vains : E. Suë continua à vivre aimé et respecté de la population d'Annecy.

Et pour preuve, nous ne mentionnerons que l'immense éclat de rire qui retentit dans notre

pays, à l'apparition de la prétendue biographie d'Eugène Suë, signée par le pamphlétaire Jacquot, de Mirecourt. En effet, comment n'aurions-nous pas ri, nous qui connaissions la vie simple du laborieux écrivain, en lisant « qu'après déjeuner
« le domestique de E. Suë lui présentait respec-
« tueusement, sur un plateau d'or ciselé, la paire
« de gants paille sans laquelle le célèbre auteur
« ne pouvait jamais écrire, et qu'à chaque cha-
« pitre cette paire de gants se renouvelait fraî-
« che et parfumée.. » Et « ce dîner somptueux
« auquel succédait une course sous les avenues
« du parc... » Et « ce cheval tout sellé, magni-
« fique arabe, aux naseaux impatients, aux jam-
« bes fines et nerveuses qui l'emportait au ga-
« lop... »

A ces révélations inattendues, chacun rit de pitié : on a vendu à l'encan le mobilier de E. Suë, quelqu'un a-t-il vu le *plateau d'or et le cheval arabe?* Les lieux qu'habitait l'illustre romancier n'ont pas changé, quelqu'un pourrait-il nous dire où se trouvent le *château* et les *avenues du parc?* Une maisonnette à laquelle on arrive par un chemin rocailleux, un petit jardin et une vigne, voilà tout ce que l'on peut voir à La Tour.

Mais ce n'est pas tout ; le très véridique Jacquot, dit de Mirecourt, complétait ainsi sa mise en scène : « Rentré dans ses *salons*, Eugène Suë
« trouve sa gouvernante qui lui offre l'opium
« dans une pipe turque garnie d'ambre et d'une
« richesse extrême. Il s'étend sur des coussins
« soyeux, fume et s'endort. » Pour le coup, ces lignes grotesques mirent le comble à l'hilarité publique, et malgré l'ennui qu'il éprouvait de se voir ainsi travesti en pacha, nous avons vu E. Suë rire lui-même de bon cœur à la lecture

de cette description de son intérieur ; il montrait son étui à cigarettes et son sopha recouvert d'une toile déchirée dans un coin.

Le 24 juillet 1857, E. Suë fut atteint d'une fièvre ardente ; le colonel Charras, un de ses amis intimes, arriva sur ces entrefaites, comme si la providence eut voulu mettre sa vieille amitié à l'épreuve. Le malade se trouva mieux, et dans la matinée du 1er août, accompagné de M. Charras, il gravit paisiblement, et par une chaleur extrême, la montagne qui s'élève au-dessus de son habitation. Mais, après quelques minutes, ses forces le trahirent ; il rentra et se mit au lit avec le pressentiment de ne plus se relever, car il fit ses dernières recommandations à son ami. Le lendemain, il fut frappé d'une émiplégie qui lui paralysa le côté gauche. Dès lors on ne conserva plus d'espoir de le sauver, malgré les soins assidus de M. le docteur Lachenal. Pendant trente-trois heures il ne parla qu'une fois pour demander à boire, et le 3 août, à sept heures du matin, il rendit le dernier soupir.

Ce ne fut que le 9 août qu'eut lieu l'ensevelissement d'Eugène Suë ; la foule qui l'accompagna jusqu'à sa dernière demeure était si grande, que la fin du cortége était encore sur le pont du Pâquier, lorsque le corps du défunt avait déjà atteint le cimetière où il repose aujourd'hui. Les coins du poële étaient tenus par M. Levet, syndic d'Annecy ; M. de Fésigny, commandant de la garde nationale ; MM. Faure, Saint-Ferréol, Duchamp et Gallas, émigrés français ; M. Bachet François, d'Annecy ; M. Paoli, membre de l'émigration italienne. La cérémonie eut un véritable caractère de grandeur. Un mot, et il est d'une pauvre femme qui avait reçu des secours de E. Suë, résuma le sentiment populaire : « Le « brave homme ! dit-elle, il ne pourra plus faire « de bien ! »

. . . .

La première curiosité qui se présente après la demeure d'Eugène Suë, est une petite maisonnette en ruines, située au-dessus de la route, dans la montagne, un peu après les deux hameaux de Chavoires : c'est la maison de Jean-Jacques Rousseau.

Ce rapprochement de deux des écrivains français les plus populaires dans le XVIIIe et le XIXe siècle, sur les bords du lac d'Annecy, est un fait curieux et des plus intéressants.

Le grand philosophe ne dit rien dans ses *Confessions* de la maisonnette de Chavoires, mais la tradition rapporte qu'elle lui a appartenu ou qu'il y est venu souvent, et les habitants des villages voisins l'appellent toujours la *maison de Rousseau*. Nous citerons ici un passage d'une charmante description qui en a été faite par Jacques Replat, avec le style attrayant qu'on lui connaît :

« Elle est située à trois quarts d'heure d'Annecy, au-dessus du hameau de Chavoires, dans la commune de Veyrier : à ses pieds est un clos de vigne ; à sa gauche, une terrasse négligée, couverte de mousse et de ronces ; à sa droite, un petit verger en pente avec quelques arbres fruitiers ; plus loin, un sentier glissant conduit dans les bois, au milieu d'une gorge sauvage formée par un ruisseau qui tombe en cascatelles. Faites encore quelques pas et vous trouverez les ruines d'un chalet. Je ne sais si c'est là un prestige des secrètes émotions du montagnard, mais les ruines d'un chalet ont toujours eu pour moi plus d'attraits que les débris d'un palais fastueux ou d'une orgueilleuse cité : les premières ne rappellent que des images douces, des jours écoulés à l'ombre des arbres verts, dans la paix et l'obscurité; elles sont moins tristes et aussi touchantes qu'un cimetière de village; et l'imagination qui relève ces murs de bois, aime à replacer autour du pauvre chalet un berger qui chante, un feu qui s'allume avec des branches mortes, un groupe de vaches accroupies au soleil.

« Derrière la maison, et au-dessus du faîte, d'énormes blocs de rochers, tombés de la montagne, dressent leurs têtes grisâtres, apparaissant au loin comme des monuments fabuleux des âges cyclopéens. Descendues avec eux, quelques pierres roulées sur la pelouse, forment des bancs naturels au milieu du verger.

« De là l'aspect est admirable : la vue embrasse les contours ondulés des montagnes, les beaux villages de Sévrier et de Menthon, les gorges des Beauges, avec le mont Rossane, sentinelle géante qui paraît veiller sur cette position militaire; les cimes lointaines et vaporeuses du département de l'Ain, les flancs azurés du Salève que Lamartine a chantés; le promontoire de Chère qui baigne, dans les eaux transparentes, ses larges pieds couverts d'un duvet de bruyère, semblable à un *moor* d'Ecosse; la plaine d'Annecy, avec son beau lac qui donne à la cité l'apparence d'un port de mer, et les tours noires et massives de son château, résidence chevaleresque des vieux comtes de Genève et de Nemours.

« Que de fois au lever et au déclin du jour, mon œil s'est promené sur tous les détails de ce ravissant spectacle, lorsque, assis sur une pierre de l'escalier de Rousseau, j'essayais de réparer son oubli et de refaire dans mes rêveries la page qui manque à ses *Confessions*.

« Que s'est-il donc passé dans ces murs? Rousseau les a-t-il habités? Pourquoi sont-ils inconnus du monde savant et voyageur? Pourquoi les habitants d'un chétif hameau y ont-ils attaché le souvenir d'un grand écrivain? N'est-ce pas un phénomène moral que ce culte conservé par la population de Veyrier, qui est peut-être, de toutes les communes de la Savoie, la moins avancée en civilisation (1)? Ne serait-ce pas là une preuve que l'autorité des traditions est plus imposante souvent que celle des livres?....

« Mais Rousseau avait oublié le nom du village, quand il a reporté sa pensée au temps de ses douces rêveries et d'amour pur; alors, ce n'était plus l'adolescent naïf et tendre, à l'âme épanouie vers un immense avenir : il ne restait plus que le vieillard morose, avec son âme abreuvée des amertumes du monde. C'était alors le citoyen de Genève, vivant à Paris ou à Londres, avide d'applaudissements et de renommée, tantôt recherchant, tantôt boudant et jalousant les grands seigneurs de race et les grands seigneurs de l'*Encyclopédie*.

« L'écrivain avait trop vécu dans l'atmosphère de la Régence et sous le règne bienheureux de Mme Pompadour; il avait pris un peu les vices du siècle sur lequel il a dressé son piédestal. Aussi voyez-le dans ses *Confessions* : il se donne presque les airs d'un homme à bonnes fortunes; il se plaint avec fatuité d'une maladroite maus-

---

(1) Cette assertion n'est plus vraie aujourd'hui ; l'instruction primaire a *civilisé* complètement les habitants de cette commune. (*Note de l'auteur.*)

saderie; mais on sent qu'il serait froissé d'être cru sur parole; et quand il peut citer un succès, Lauzun au petit pied, voyez comme il sacrifie à ce triste amour-propre les femmes qui eurent le tort de l'aimer trop! Voyez comme il se pare indignement des faiblesses de la bonne dame de Warens et de la sémillante dame de Lornange.

« L'écrivain des *Confessions* était devenu trop semblable à son ami Venture, ce roué de province, qui fut, soit dit en tout bien et tout honneur, la coqueluche des bourgeoises d'Annecy, nos chastes bisaïeules.

« Or, Rousseau, qui s'était fait M. Venture, ne devait plus conserver que des souvenirs affaiblis pour les suaves émotions de sa jeunesse; ils lui arrivaient rapides et rares, réminiscence du soleil dans les vapeurs de l'automne. C'est par cette raison que Rousseau n'a pas daigné écrire ou se rappeler le nom d'un village qui lui redisait pourtant l'époque éphémère de la vie, où l'amour est pur comme un rayon du matin, sacré comme une croyance, où l'amour donne à l'âme l'intuition de l'immortalité.

« Mais c'est aussi par cette raison que nous, jeunes hommes d'un siècle plus moral, nous préférons la pauvre maison oubliée, avec son petit verger, ses grands bois et son lac, aux fastueux ombrages d'Ermenonville, à la fashionable cohue de Montmorency, au jardin anglais de l'île Saint-Pierre, aux voluptueux souvenirs des Charmettes.

« Oui! la pauvre maison peut vous redire la page oubliée des *Confessions*, la page la plus douce de la vie de Rousseau. Asseyez-vous sur la pierre où il s'est assis en pleurant de tendresse; rêvez avec le grand écrivain; et sur le vert de l'enclos rustique vous trouverez, même dans les jours brumeux d'octobre, *de la pervenche encore en fleurs*, attardée aux portes de l'hiver, comme une vierge dans les champs, oublieuse de l'approche du soir. »

Après la maison de Rousseau, la montagne de Veyrier, couronnée par des rocs gigantesques et couverte de vignobles et de hameaux, se présente sous un aspect des plus pittoresques. Le premier port d'escale du bateau à vapeur est situé au-dessous du village de VEYRIER (1), caché par l'épais feuillage d'énormes noyers. L'église est une charmante imitation du style gothique. On a trouvé dans la commune de Veyrier plusieurs antiquités gauloises et romaines; ainsi au hameau de Moraz on a découvert, il y a quelques années, une clepsydre et deux médaillons en plomb, portant des légendes qui n'ont pu être déchiffrées *ni par le curé ni par le maître d'école*, probablement peu versés dans les connaissances archéologiques; malheureusement le tout a été fondu. Dans une vigne, on a trouvé les restes d'une villa romaine, une grande quantité de *rudus* et des conduits rectangulaires en terre cuite. Au hameau de Lacombe, en 1830, deux bergers découvrirent sous un roc un grand nombre de petites monnaies d'argent qui furent vendues à un orfèvre d'Annecy; quelques-unes échappèrent au creuset et vinrent enrichir le Musée. D'autres monnaies ont été trouvées par des paysans, qui les ont converties en lingots pour tirer le renard.

---

(1) 754 hab.

DE VEYRIER A MENTHON.

(11 minutes.)

Au-dessus du dernier hameau de la commune de Veyrier apparaît une large ouverture taillée dans le roc; c'est la *Bornalla des Sarrasins,* la grotte des Sarrasins. Pourquoi ce nom? Nous ne saurions le dire. Comme il arrive partout en pareille matière, cette grotte passe pour avoir recélé des faux-monnayeurs et des fées; une grande pierre quadrangulaire, placée au milieu de l'excavation, porte le nom de *Table aux fées.*

Le village de MENTHON (1), deuxième port d'escale du bateau, est situé dans un petit vallon délicieux. Placé au milieu d'une large gorge formée par deux montagnes dont les flancs sont tapissés de plantes gigantesques, abrité des vents du nord, exposé aux rayons d'un soleil dont l'ardeur est tempérée par les bouquets d'arbres sous lesquels il se cache, Menthon jouit d'un climat exceptionnel, et qui est recherché même par les étrangers.

Au milieu de la gorge, fièrement campé sur une éminence, apparaît l'antique manoir des de Menthon, famille puissante du Genevois et dont l'origine remonte au IXe siècle. « Ce château, dit M. C. Dunant, présente des constructions de différents âges. Ici ce sont des murs percés de fenêtres microscopiques, carrées ou taillées en cintre trilobé, accusant une origine latine. Là c'est un donjon du XIIIe siècle portant en encorbellement une ligne de machicoulis et une tou-

---

(1) 714 hab. — Restaurants. — Omnibus pour Annecy.

relle d'escalier suspendue à l'un de ses angles. Plus loin ce sont des croisées du xive ou du xve siècle, divisées en quatre parties par des meneaux, et tout près, de larges fenêtres cintrées s'ouvrent sur d'élégants balcons modernes. On arrive au château du côté du midi par un portail ogival, protégé par des machicoulis et qui dénote une ancienne origine.

« Les différentes phases architecturales que l'on remarque à l'extérieur du château, se reproduisent naturellement dans les parties correspondantes de l'intérieur. Lorsqu'on le visite, on parcourt successivement des escaliers aux voûtes surbaissées, des salles lambrissées couvertes de vieilles tapisseries de haute lisse et offrant des bancs de pierre dans la profonde embrasure des fenêtres ; puis, des cabinets de toilette tout entiers dans l'épaisseur des murs, des salons modernes, enfin la chambre de saint Bernard de Menthon, convertie en chapelle. »

La tradition rapporte que ce saint, étant très jeune encore, devait épouser, suivant la volonté de son père et contre son propre gré, une jeune fille d'une famille noble des environs ; mais que la veille de son mariage il se précipita par la fenêtre de sa chambre, afin d'échapper à ses parents. La tradition ajoute qu'il tomba sur le roc sans accident, et le cicerone fait voir au visiteur la prétendue empreinte des pieds du saint à l'endroit où il toucha la pierre, comme aussi le barreau de la fenêtre qu'il écarta pour s'élancer dans l'espace.

Les sires de Menthon étaient de fiers et puissants seigneurs, célèbres dans l'histoire du pays par leurs faits d'armes ; ils portaient cette orgueilleuse devise : *Ante natum Christum jam baro natus eram* : « Le Christ n'était pas né, j'étais déjà baron! » Ils avaient aussi celle-ci : *Toujours* ou *partout Menthon*. Leur seigneurie avait été érigée en baronie en 1486, et en comté dans le commencement du XVIe siècle.

Il y a quelques années, on voyait dans le château de vieilles armures en grande quantité, et sur les portes des écuries et dans l'intérieur de celles-ci bon nombre d'andouillers de cerfs, trophées de vénerie des seigneurs. Aujourd'hui encore, certaines parties du manoir ont un caractère féodal bien marqué; quelques portes sont bardées de fer, et çà et là apparaissent des grilles et des verroux menaçants; on se croirait transporté en plein moyen-âge dans ces corridors sombres et silencieux.

De la terrasse du château de Menthon, la vue s'étend sur un panorama magnifique; au-dessous de soi on a le village et les prairies qui l'entourent, puis le lac, le Semnoz et les montagnes des Beauges. A droite du manoir s'élève la Tournette, montagne majestueuse, assise comme un géant et qui domine la vallée d'une hauteur qui n'est pas moindre de 2 000 mètres.

Un peu au-dessous du village de Menthon, et dans un verger magnifique, ombragé par des noyers touffus, se trouvent des restes de thermes romains; des pans de murs y servent encore d'assise à une petite chaumière. Ces thermes occupaient un large espace de terrain, si l'on en juge par les murs que l'on a mis à découvert; on y voit des aqueducs, des piscines; un *vaporarium*, des cabinets et des promenoirs peints en rouge avec des filets bruns raccordés par des fleurons, suivant l'usage adopté dans les maisons de Pompéi. En somme, quatorze ou quinze salles et un nombre proportionné de corridors sont parfaitement dessinés. Il resterait à déterminer si c'était là un établissement public ou un bain complet appartenant à une riche villa ; on comprend que ce point est difficile à éclaircir.

La source qui devait alimenter ces bains est restée longtemps perdue ; elle a été retrouvée en partie en 1864, au pied de la colline, par M. Borda-Bossana ; c'est une eau sulfureuse, alcaline et gazeuse qui marque environ 16° centigr. Il est à présumer que cette source avait disparu accidentellement, par une cause jusqu'ici inconnue ; quelques-uns prétendaient qu'elle avait été détournée et qu'elle sortait à un endroit du lac où l'on a remarqué que l'eau ne gèle jamais ; d'autres (gens médisants) assurent que pour se débarrasser des importuns que leur attirait le voisinage des bains, le seigneur et le curé du lieu auraient refoulé l'eau chaude *au moyen du mercure* versé à forte dose ! La source retrouvée par M. Borda-Bossana donne 40 litres à la minute soit 2,400 litres à l'heure. L'eau est retenue dans deux magnifiques bassins hexagones garnis de larges pierres de taille, et auprès desquels s'élève aujourd'hui un petit établissement de bains proprement tenu.

Menthon est sans contredit un séjour charmant. Ce petit village est très animé pendant l'été et, ainsi que nous l'avons dit, des familles étrangères y viennent passer quelques mois chaque année. Que serait-ce si, près des ruines des thermes, sur ce verger si riant et si frais, au bord de ce joli lac, on élevait un hôtel où les étrangers trouveraient tout le confortable nécessaire, à l'imitation de ce qui existe en Suisse? Renommé pour son climat, placé dans une situation des plus belles au point de vue pittoresque, jouissant d'une source d'eau sulfureuse qui, malgré son peu d'importance, peut être d'une grande efficacité dans certaines maladies, Menthon serait bientôt transformé en un joli bourg qui rappellerait Thunn ou Interlaken. Espérons que le patriotisme bien connu des habitants d'Annecy opérera, dans un avenir peu éloigné, cette transformation si désirable dans l'intérêt du pays.

DE MENTHON A SAINT-JORIOZ.

(14 minutes.)

De Menthon le bateau traverse le lac et se dirige sur SAINT-JORIOZ (1), troisième port d'escale. Ce village doit son nom à un moine de Savigny, qui y avait fondé un prieuré et qui y mourut en odeur de sainteté Le prieuré de Saint-Jorioz appartint pendant longtemps à une famille puissante qui le céda, en 1030 environ, à l'abbaye de Savigny, titulaire du couvent de Talloires. Ce petit établissement religieux avait obtenu des priviléges en grand nombre de la part des papes et même des empereurs; il fut réuni à Talloires en 1412, à la demande du cardinal de Brogny.

On a trouvé à Saint-Jorioz plusieurs antiquités romaines, telles que des médailles et ce fragment d'inscription :

      TVS........PRIMVS........
      STOR NERONIS....OC....
      ..IO.. ....PRIMV....

A trois quarts d'heure environ, à droite de

(1) 1365 hab.

Saint-Jorioz, se trouve le village de Sévrier, situé dans un endroit pittoresque et caché sous le feuillage d'un bois d'arbres fruitiers. Sévrier avait aussi un prieuré contemporain de celui de Saint-Jorioz, mais il était moins important ; il fut réuni à l'abbaye de Talloires et cédé ensuite par celle-ci, en 1330, à l'évêque et au chapitre de Genève.

On peut voir dans la maison de M Domenjoud les portraits authentiques des sœurs Loyson, la *blonde Doguine* et la *brune Tontine,* chantées par Regnard, et qui jouirent d'une vogue immense dans la haute société parisienne, grâce à leur beauté et à leur esprit. Ces deux portraits sont arrivés dans cet humble village des bords du lac d'Annecy, par suite du mariage d'un membre de la famille Domenjoud, avocat au parlement de Paris, avec une nièce des sœurs Loyson, Mlle Marthe Danelet de Loyson. Doguine mourut en 1717 et Tontine en 1757 (1).

Vis-à-vis de Sévrier, d'où se détache la route des Beauges qui gravit en serpentant la montagne au-dessus de Saint-Jorioz, et qui présente des échappées de vues ravissantes, se trouve un endroit du lac où apparaissent des restes d'habitations lacustres On y a pêché des débris de poteries et quelques objets en bronze. Cet endroit est connu sous le nom de *Châtillon*.

DE SAINT-JORIOZ A TALLOIRES.

(16 minutes.)

De Saint-Jorioz, le bateau traverse de nouveau

---

(1) Voir pour plus de détails le *Voyage au long cours sur le lac d'Annecy*, par J. Replat.

le lac et se rapproche du roc de Chère qui semble s'être détaché de la masse des montagnes voisines pour former un immense promontoire qui divise le lac en deux parties. Sur ce roc gigantesque, d'où la vue est réellement splendide, on trouve le *rhododendron ferrugineum;* cette plante habite les régions élevées de 2000 mètres au-dessus du niveau de la mer, et c'est par une exception très singulière et qui étonne tous les botanistes, qu'on la cueille sur le roc de Chère, élevé seulement de 500 à 600 mètres.

TALLOIRES (1) est le quatrième port où s'arrête le bateau.

Le village de Talloires, déjà connu des Romains, au dire de certains auteurs, est situé dans une position des plus agréables, au milieu de beaux vignobles. L'aspect de ce village, où l'on voit la maison de Berthollet, indique l'aisance et le bien-être chez ses habitants; là, point de maisons délabrées et couvertes en chaume; c'est presque un petit bourg, très propre, qui veut se donner un air sérieux.

Le climat de cette charmante localité est très recherché pour sa douceur et son uniformité. On trouve tout le confortable nécessaire dans l'*Hôtel de l'Abbaye,* où chaque année, dans la belle saison, se donnent rendez-vous de nombreux étrangers, naturalistes, artistes, chasseurs, touristes, etc.

La route qui conduit de Talloires à Annecy gravit en serpentant un coteau assez rapide tout entier couvert de vignobles produisant d'excellents vins. Du sommet de ce coteau, la vue est magnifique, et comme le dit Jacques Replat,

---

(1) 1,172 hab. — Guides pour la Tournette.

dans son *Voyage au long cours sur le lac d'Annecy*, on ne peut trouver en Savoie un spectacle aussi ravissant et qui unisse à un égal degré à la richesse des couleurs la puissante poésie des contrastes.

La montagne de la Tournette, la plus haute des environs d'Annecy et dont nous parlerons plus au long dans le chapitre suivant, domine majestueusement le paysage.

Talloires n'est pas seulement remarquable par sa position pittoresque, mais encore par les restes de son antique abbaye de bénédictins. L'abbaye de Talloires a pris naissance dans le IXe siècle ; quelques moines vinrent s'y établir et formèrent une *celle* qui, en 879, fut donnée à l'abbaye de Saint-Philibert de Tournus, par Boson, roi de la Bourgogne cisjurane. Cette *celle* devint bientôt importante, et, en 1016 environ, le roi de Bourgogne Rodolphe III la soumit à l'abbaye de Savigny, dans le diocèse de Lyon

Par acte signé en 1031, et qui porte le sceau de Humbert, premier des comtes de Savoie, la femme de Rodolphe III, Ermengarde, enrichit l'établissement religieux de Talloires qui, dès lors, augmenta chaque jour d'importance. Les évêques de Genève, les comtes de Genevois, les princes de Savoie, lui firent successivement de nombreuses donations, et les papes lui accordèrent des priviléges importants.

A la fin du XIVe siècle, le couvent de Talloires fut érigé en commende, en faveur du cardinal de Brogny ; il entra ainsi dans une nouvelle phase de grandeur. Parmi ses abbés commendataires, il compta le prince Eugène-Maurice de Savoie, qui devint ensuite colonel-général des Suisses à Paris, gouverneur de Champagne et de Brie, lieutenant-général des armées du roi, le mari d'Olympe Mancini, nièce du cardinal Mazarin, et le père du fameux prince Eugène.

Mais si dès le XVe siècle, l'abbaye de Talloires compta parmi les plus importantes, dès cette époque aussi elle perdit son existence calme et tranquille, et elle eut à soutenir des luttes innombrables avec ses abbés, avec les évêques de Genève, et enfin même avec la cour de Turin. En 1624, le pape Urbain VIII la démembra de l'abbaye de Savigny; en 1671, Clément X l'agrégea au Mont-Cassin; mais rien ne lui rendit le calme; la Révolution française seule put mettre fin aux procès dont cette maison était accablée, en la supprimant pour toujours En 1793, on vit un jour presque toutes les pièces des archives de l'abbaye entassées dans la cour du cloître; une immense flamme s'eleva de ce monceau de parchemins, dont le pétillement accompagnait la *farandole* chantée par les patriotes de Talloires : c'était le *De profundis* du vieil établissement religieux, dont l'existence remontait à 900 ans.

Mais il faut bien dire que les religieux de Talloires donnèrent prise aux tracasseries dont ils furent tourmentés pendant près de deux siècles. Le relâchement de leurs mœurs contribua beaucoup à attirer sur eux les malheurs qui les accablèrent. De l'avis de deux bénédictins contemporains, les moines de Talloires cultivaient mieux leurs vignes que la science, et leur bibliothèque n'était rien en comparaison de leurs caves, où l'on voyait une cuve phénoménale, véritable merveille.

Deux prieurs, Claude de Granier et Ange Justinien, firent de vains efforts pour arrêter la démoralisation qui s'était introduite dans le couvent.

Lorsque Claude Granier fut nommé prieur de Talloires, il essaya par la persuasion de ramener les moines à des mœurs qui fussent plus en harmonie avec leur caractère religieux; mais ils lui répliquèrent avec insolence. Voyant que ses paroles n'avaient aucune autorité, il chercha à resserrer la discipline; il fit fermer les portes du couvent, mais les moines trouvèrent toujours le moyen de s'évader pendant la nuit. Le seul résultat qu'il obtint fut de faire disparaître des cellules les armes qui s'y trouvaient en grande quantité.

Un de ces moines poussa le dévergondage jusqu'à donner, dans le couvent même, à l'occasion du baptême d'un enfant, un grand festin auquel il avait invité ses compagnons de plaisir de Talloires. Le banquet fut joyeux, et l'on y but si bien, que tous les convives se levèrent de table la tête lourde, les jambes chancelantes et allèrent danser une ronde dans la cour du couvent. Ce fait, raconté par le P. de Magny, de la compagnie de Jésus, peut donner une idée des désordres qui troublaient ce monastère.

Saint François de Sales put seul ramener un peu les moines de Talloires à de meilleurs sentiments, sans toutefois obtenir un résultat complet; car les vieillards du pays se souviennent de la vie joyeuse que menaient encore les habitants du couvent à la fin du siècle dernier.

Le prieur de Talloires avait le droit de juridiction sur toutes ses possessions, et ce qui est horrible à dire, c'est que l'inquisition avait aussi ses droits acquis dans ce petit coin de terre; les moines ont eu la farouche idée de se passer, entre la poire et le fromage, le spectacle de pauvres diables brûlés sur la place publique pour crime d'hérésie ! Les nommés Antoine de Charrière, en 1446, François Dupont et Jean Marin de Verel, en 1455, et Peronnette veuve Lehens, en 1485, ont expié sur la place publique de Talloires *leur commerce avec le diable et leurs sorcelleries !* (1)

Les anciens bâtiments de l'abbaye appartiennent aujourd'hui à plusieurs propriétaires qui les ont adaptés à divers usages; on peut cependant reconnaître les constructions successives qui ont marqué les phases de l'établissement. L'église élevée par la reine Ermengarde est rappelée par un pilier et par de lourds chapiteaux romano-bysantins. L'ancien prieuré, situé au levant, présente encore cet aspect moitié religieux et moitié belliqueux des maisons religieuses du IXe, du Xe et du XIe siècle, maisons qui, malgré leur caractère, n'étaient pas à l'abri du pillage, exercé en grand par certains seigneurs. On y voit des murs d'enceinte, véritables ouvrages de fortifications, et des tours à demi ruinées, percées de fenêtres du XIIIe siècle, à lancettes géminées surmontées d'un trèfle et encadrées dans un tore ogival. Les caves sont immenses et bien conservées.

Les appartements gothiques du prieuré ont été en partie restaurés dans le XVIIe siècle; on a ouvert dans les vieux murs des fenêtres rectangulaires entourées de moulures; une élégante rampe d'escaliers, couverte par un toit porté par des colonnes composites, dont les chapiteaux sont coupés en biseau, a été appliquée contre la façade; au-dessus de la porte à laquelle conduit

---

(1) Nous avons publié la sentence d'Antoine de Charrière dans notre *Notice sur l'Abbaye de Talloires.*

cette rampe, on voit les armoiries d'un abbé commendataire, l'abbé des Lances, qui existait en 1657.

Au-devant du prieuré du moyen-âge s'élève l'abbaye moderne, avec ses cloîtres formés par des arcades et des voûtes élevées, ses longs corridors conduisant aux cellules ; au rez-de-chaussée se trouvent les offices et le réfectoire où l'on voit encore un buffet sculpté qui porte ce mot gravé sur son fronton : *Silentivm*.

Les appartements du prieur claustral, qui occupaient l'aile méridionale du bâtiment et dont il n'est resté que deux chambres, étaient décorés avec luxe ; ils formaient les pièces d'apparat et servaient de logement à l'abbé commendataire lorsqu'il venait à Talloires. Dans le milieu du xviiie siècle ils furent lambrissés et dorés ; on les orna des figures austères des apôtres, entremêlées de sujets de chasse et de pêche. « Puis, sur le ciel azuré de la chambrette de l'abbé, *honni soit qui mal y pense !* voltigeaient de folâtres amours ; armés à la légère, ils tendaient des chaînes de fleurs, batifolaient avec des roses, et faisaient voler des flèches, dont une allait menacer la bure de saint Jacques le Mineur (1). »

On voit au couvent de Talloires deux inscriptions romaines ; la première est gravée sur une pierre qui sert de marche pour descendre de la terrasse dans le lac ; malheureusement il n'est presque plus possible de la lire, tant elle est usée par le frottement de l'eau ; voici comment la transcrivent quelques auteurs anciens :

---

(1) *Voyage au long cours sur le lac d'Annecy*, par J. Replat.

```
D                    M
RVTIL.......CELTONI
FIL.....VOLT.....RVTILIO
F..... ANN.....XL....PAT
LIBEROR...V...T  R...V
CELTO...FILIO.....P
SIMO...ET ...P...NTIS
```

La seconde se trouve incrustée dans le mur qui borde à gauche le chemin par lequel on arrive au prieuré du moyen-âge. Cette inscription, gravée sur une pierre qui a un mètre de largeur et deux mètres de longueur, a été citée par un grand nombre d'archéologues, mais d'une manière inexacte. La voici telle que nous l'avons relevée avec l'aide de M. E. Serand et par un procédé qui ne permet pas l'erreur :

```
HOROLOGIVM  CVM.SVO.AEDIFICIO  ET
SIGNIS.OMNIBVS       ET      CLATRIS
C BLAESIVS.G.FIL.VOLTINIA GRATVS.EX.H-S.N
ET.EO.AMPLIVS.AD.ID.HOROLOGIVM.ADMINIS
TRANDVM.SERVM.H-S.N.IIII.D.S.P..D
```

Cette inscription mérite l'attention de l'archéologue; elle nous apprend que Caïus Blæsius, fils de Caïus, de la tribu Voltinienne, a fait construire à ses frais, pour l'usage du public, un édifice où il a mis une horloge qu'il a garantie par une balustrade *(clatris)*; qu'il a donné un certain nombre de sesterces (H-S); qu'il a établi un esclave pour avoir soin de cette horloge (SERVM pour SERVVM), et qu'il a donné pour cet esclave une certaine somme. Les quatre dernières lettres veulent dire *De Sua Pecuniâ Dedit*. Cette horloge était probablement une clepsydre.

Ces inscriptions et des médailles romaines trouvées en assez grand nombre à Talloires font croire à l'existence d'un bourg romain dans cet endroit; hypothèse d'autant plus admissible, que la voie qui conduisait d'Aoste à Genève passait sur cette rive du lac d'Annecy, pour toucher ensuite Menthon, Alex et Saint-Clair où nous en retrouverons des restes.

La maison où est né Berthollet, en 1748, est située au centre du village; elle est transformée aujourd'hui en maison d'école.

Au-dessus de Talloires, on voit une petite église bâtie sur le roc et qui porte le nom de SAINT-GERMAIN dont elle renferme les reliques La légende rapporte que ce saint naquit en Belgique, qu'il se fit moine à l'abbaye de Savigny, dans le diocèse de Lyon, et qu'il fut un des premiers moines qui vinrent s'établir à Talloires; qu'après avoir demeuré quelque temps dans ce dernier endroit, il entreprit un voyage à Jérusalem, et qu'à son retour il obtint de ses supérieurs la permission de vivre en solitaire. Ce fut alors qu'il se retira dans une grotte située au-dessus de Talloires, à une petite distance de l'église actuelle.

La légende ajoute qu'il vécut environ quarante ans dans cette grotte et qu'il mourut vers l'an 1000. On conserva ses restes dans la chapelle de l'ermitage. Lorsque la Savoie fut réunie à la France, à l'époque de la Révolution française, le corps de saint Germain fut caché par un habitant de Talloires qui, plus tard, le remit au curé de la paroisse. En 1831, l'évêque d'Annecy célébra la translation des reliques du saint, et aujourd'hui l'église de Saint-Germain est encore un lieu de pèlerinage pour les habitants des environs du lac.

Un bel aubépin qui a cru dans le verger est, suivant la légende religieuse, la bâton du saint anachrorète qui l'avait fiché en terre et avait oublié de le reprendre. L'histoire du bâton de saint Germain se retrouve dans la biographie de plusieurs autres saints.

Du jardin de l'ermitage on jouit d'une vue admirable, qui s'étend sur Talloires et ses vignobles, le lac, Duingt et son château si gracieusement posté en sentinelle avancée entre les deux lacs.

Ce panorama sublime avait transporté d'admiration saint François de Sales qui était venu en pèlerinage à la chapelle de saint Germain. En contemplant le paysage il s'écria : « C'est ré-« solu ! puisque j'ay un coadjuteur, je viendray « ça haut. Il faut que ceci soit mon repos ; j'ha-« biteray en cet hermitage !..... »

DE TALLOIRES A DUINGT.

(5 minutes.)

La traversée de Talloires à DUINGT (1), cinquième port d'escale, est de courte durée. Il y a là comme un détroit qui conduit de la première partie du lac dans la seconde.

Le château de Duingt, flanqué d'une vieille tour cylindrique, malheureusement couronnée par un belvédère moderne, est assis dans une presqu'île au milieu d'un amphithéâtre de terras-

---

(1) 360 hab. — Restaurant.

ses. Il n'a rien de remarquable à l'extérieur et ne présente aucune régularité dans sa construction. L'intérieur en est divisé en deux parties, du sud au nord, par un corridor spacieux, aux deux extrémités duquel s'ouvre une grande fenêtre d'où l'on jouit d'un coup d'œil magnifique sur le lac et le groupe de montagnes dont la base vient en s'éteignant jusqu'à la presqu'île. Les appartements sont décorés avec goût, dans le style Louis XV ; ce sont partout des panneaux encadrés de moulures festonnées, au milieu desquels se prélassent des Chinois et des Chinoises, ou dansent au son du chalumeau des bergers et bergères. A dire vrai, Watteau, dans ses compositions bucoliques, n'aurait pu trouver un site qui l'inspirât plus heureusement que les bosquets de Duingt.

Le château actuel a été construit sur les ruines d'un vieux manoir qui appartenait à une famille très ancienne ; une croyance populaire d'autrefois attribuait sa construction à une fée :

> Un jour, d'un coup de sa baguette,
> Sur le milieu du lac elle a jeté le faîte
> Et les tours, le châtel et le riant jardin,
> Que de longs saules verts une chaîne captive...
> Comme l'anneau léger qui retient sur la rive
> La barque du pêcheur de Duingt (1).

La chronique ajoute que la même fée ne demandait que *du sel et du beurre* pour jeter un pont jusqu'à Talloires, mais que le seigneur du lieu refusa cette offre.

C'est de la famille de Duingt que sont sortis la

---

(1) *Duingt, Menthon et Montrotier*, poème de J. Replat.

mère de saint Bernard de Menthon et le premier biographe de ce dernier, Richard de Duingt, archidiacre d'Aoste en 1008.

Vers la fin du xve siècle, la seigneurie de Duingt, qui était devenue la propriété d'une famille d'Antioche, fut achetée par Hélène de Luxembourg, fille du connétable de ce nom, décapité à Paris en 1475, et épouse de Janus de Savoie, qui possédait le Genevois en apanage. Cette seigneurie passa ensuite à la fille de ce dernier prince, Louise, mariée en premières noces à Jean-Louis de Savoie, et en secondes noces à François de Luxembourg, vicomte de Martigues; puis elle appartint à Philippe duc de Genevois-Nemours, et successivement aux de Monthoux et aux de Sales.

A quelques mètres en avant du château de Duingt se trouve un endroit du lac d'une profondeur de 50 centimètres environ et formant comme un îlot recouvert par les eaux; il est connu sous le nom de *Roselet*. On y remarque, de distance en distance, des restes de pilotis noircis par les siècles et qui ont porté des habitations lacustres comme au Châtillon. On sait que les villages lacustres appartiennent aux temps qui ont précédé l'époque historique; les fouilles faites en Suisse, dans presque tous les lacs, ont amené la découverte d'un grand nombre d'instruments et d'ustensiles inconnus jusque-là et de matières différentes, qui ont permis de diviser l'époque anté-historique en trois âges, l'âge de la pierre, l'âge du bronze et l'âge du fer. Ces recherches, intéressantes à plus d'un titre, ont été commencées dans le lac d'Annecy, et ont donné des résultats satisfaisants; on a trouvé sur le Roselet une assez grande quantité de débris de poterie de tous points semblables à ceux que l'on a tirés des lacs de la Suisse.

Derrière le château de Duingt, sur un petit mamelon qui s'élève de l'autre côté de la route, on voit se dresser une vieille tour hexagone, dont les caractères font supposer qu'elle remonte au IXe siècle. Dépourvue de son couronnement, cette construction ne présente plus qu'un blocage revêtu, au dehors, de pierres de différents échantillons rangées par assises, et à l'intérieur, de pierres cubiques de petit appareil, disposées symétriquement. La porte qui donnait accès à cette tour est placée à une certaine distance de la base et on ne peut y arriver qu'avec le secours d'une échelle; les murs, qui mesurent à la base plus de trois mètres d'épaisseur, sont percés d'une étroite ouverture oblique et de deux autres baies rectangulaires assez larges à l'intérieur et qui sont étroites comme des meurtrières à l'extérieur.

Cette tour, qui faisait probablement partie des ouvrages avancés de l'antique château de Duingt, rappelle le style roman par les pierres de petit appareil qui la composent à l'intérieur; un archéologue anglais, qui la visitait il y a quelques années, a cru y reconnaître le même genre de construction et la même forme qu'il avait observés dans des tours bâties en Ecosse dans le XIe siècle. Quoi qu'il en soit, il est à désirer que l'on conserve précieusement cet échantillon du style latin du moyen-âge dans notre contrée, échantillon qui a malheureusement déjà plus souffert de la main des hommes que du temps. Quand donc comprendra-t-on qu'il y va de l'intérêt du pays de protéger tous ces restes de monuments anciens dont le souvenir excite la curiosité des touristes ?

Duingt possède encore une antiquité qui mérite d'être visitée : c'est le vieux château d'Hérée ou de Dérée, situé à quinze minutes du village, à gauche de la route d'Annecy. Au premier abord cette vieille construction ne présente que l'aspect d'une gentilhommière, bien qu'elle soit flanquée de deux tours qui se détachent en saillie. Mais en l'examinant de plus près, on s'aperçoit qu'elle a dû être aussi un château fort; car son portail en ogive est hérissé de machicoulis et de deux embrasures propres à donner passage aux bouches de deux petites pièces d'artillerie; la tour centrale est percée de meurtrières ainsi que les avant-corps, et dans le socle des fenêtres on voit des trous destinés à recevoir des armes à feu de petit calibre; la maison rustique même est reliée au château par un mur crénelé et aussi percé de meurtrières. Une fois dans la cour intérieure, toute encombrée de ronces et de hautes herbes, assombrie par les arbres élevés qui la couvrent, on se croirait transporté dans le repaire d'un chef de bande pillarde du moyen-âge; l'on ne peut se défendre d'un certain mouvement de terreur lorsque la vieille porte d'entrée tourne sur ses gonds à moitié rongés par la rouille, et c'est à peine si l'on ose s'aventurer à poser le pied dans l'intérieur complètement délabré du vieux manoir.

Les titres renfermés dans les archives du château d'Hérée ayant été dispersés en 1793 par les habitants des chaumières voisines, qui s'en sont servi pour remplacer les vitres de leurs fenêtres, l'histoire de la famille qui l'a possédé est entièrement inconnue. Charles-Auguste de Sales cite, dans son *Pourpris de la maison de Sales*, un président du conseil souverain de Chambéry et un président du conseil du Genevois, qui portaient le nom de Dérée ; il est présumable que ces magistrats tiraient leur nom du château que nous venons de visiter, et qui appartint ensuite aux Chevron-Villette.

DE DUINGT AU BOUT DU LAC.

(15 minutes.)

En quittant Duingt, le bateau longe la rive du lac. La première maison que l'on rencontre, de la plus simple apparence et abritée sous de grands arbres, conserve le souvenir d'un écrivain connu : c'est là que M. de Custine a écrit une partie de ses mémoires sur la Russie. Cette maison s'appelle *La Maladière*.

Un peu après on passe devant un chétif hameau qui, malgré sa triste apparence, a marqué dans les annales de l'armée espagnole. En 1742, les troupes du roi Philippe V., avant d'arriver à Annecy (1) s'emparèrent de *Bredannaz* (c'est le nom du hameau), défendu par quelques soldats, et quinze jours après on chantait un *Te Deum* à Madrid, *risum teneatis, amici!* pour célébrer la prise du *port* de Bredannaz !

Dans la montagne qui s'élève au-dessus de Bredannaz, sur la commune d'Entrevernes, on exploite une mine importante d'anthracite, ouverte depuis 1796.

Sur la rive opposée, une route presque entièrement taillée dans le roc conduit de Tal-

(1) V. page 44.

loires au bout du lac. Cette route n'était praticable jadis qu'à dos de mulet. Le mauvais état de cette voie fut même cause d'un accident assez curieux qui arriva aux gens de la suite du connétable de Lesdiguières, à l'époque où l'armée de Henri IV s'empara de la Savoie (1). Les conducteurs des équipages du connétable, probablement pour abréger le chemin, voulurent tenter le passage, mais quand ils arrivèrent vers la chapelle de la Magdeleine, à peu de distance de Talloires, les mulets qui portaient la vaisselle plate se précipitèrent dans le lac dont la profondeur est très grande à cet endroit; bêtes et vaisselle disparurent pour toujours.

Au-dessus de cette route apparaît, à travers les grands arbres qui le couvrent, le village des Balmettes, près duquel les eaux qui descendent de la montagne forment des cascades parfois très belles.

Enfin le bateau touche à DOUSSARD (2), terme de sa course, et où des voitures attendent les voyageurs pour les conduire à Faverges et de là à Albertville.

Le village de Doussard est situé près de la montagne, à l'entrée d'une sombre gorge où il semble que le soleil ne doit jamais pénétrer : c'est la *Combe Noire*, la *forêt vierge* de Doussard, qui recèle dans son sein des ours de haute taille, gibier préféré de la société de Saint-Hubert d'Annecy. Nous devons saluer en passant cette vieille forêt qui est restée vierge de pas humains jusqu'à ces dernières années, et dont l'aspect im-

(1) V. page 45.
(2) 1,238 hab. — Restaurant.

pressionne vivement, grâce à ses arbres gigantesques dont une partie s'écroulent de vieillesse, et à ses touffes de hêtres géants rendues impénétrables par les tresses de lianes flexibles qui les encombrent. Un torrent rapide traverse cette immense gorge solitaire qui, ainsi que le dit si bien J. Replat, rappelle ces forêts enchantées dont les romans de la Table-Ronde ont conservé la tradition. Au milieu de ces bois épais, tout est solitude, tout est silence, et si ce n'était le bruit sourd de la cognée du bûcheron que l'on entend à de rares intervalles, on se croirait transporté dans un autre monde : nous ne pensons pas que l'on puisse trouver un lieu qui présente mieux que la forêt de Doussard l'aspect sévère et grandiose des paysages des grandes Alpes.

Tout-à-fait au bout du lac, on voit surgir de l'eau une vieille tour connue sous le nom de tour de Beau-Vivier, reste d'un château qui tombait déjà en ruines sous Philippe, premier duc de Genevois-Nemours, au commencement du XVIe siècle. Tout ce que l'on connaît de l'histoire de cette antique construction, c'est qu'en 1305 elle formait une maison forte appartenant à Richard, co-seigneur de Duingt et seigneur de Vufflens-le-Château, qui la donna, le 13 octobre de la même année, à ses fils Pierre et Richard. Le donateur stipula dans l'acte que sa fille, Prinoda, pourrait habiter sa vie durant la dite maison qui portait déjà le nom de *Beau-Vivier* (1).

La vallée et la ville de Faverges méritent d'être visitées. A moitié route de Doussard à Faverges,

(1) *Regeste genevois*, fol. 390.

on aperçoit à droite le village de Giez, au milieu duquel s'élève le gracieux château du marquis de Villette, famille des plus anciennes de la Savoie et qui a fourni un pape à l'Eglise, Nicolas II.

Faverges (1) a été de tout temps une ville industrielle, ainsi que l'indique son ancien nom *Fabricarium*. Elle possède aujourd'hui une fabrique de soie fondée par MM. Blanc.

Les touristes qui visitent cette localité peuvent aller voir, à vingt minutes, la jolie cascade de Seythenex, et un peu plus haut, la sauvage vallée de Saint-Ruph ; ils peuvent aussi pousser leur excursion jusqu'au col de Tamié, où une ancienne abbaye, fondée en 1132 et à moitié ruinée à la Révolution, a été relevée par des trappistes peu après l'annexion de la Savoie à la France.

―――

(1) 3,129 hab. — Bons hôtels. — Voitures pour Annecy et Albertville.

QUATRIÈME PARTIE

COURSES & ASCENSIONS

1° Promenades. — Les Barattes. — Maison de J. Replat. — Annecy-le-Vieux. — Brogny. — La Bornalla. — Châteaux de Monthoux et de Proméry. — 2° La voie romaine de Dingy-Saint-Clair. — Jean-Jacques Rousseau et Mlles Galley et de Graffenried. — La vallée et la ville de Thônes. — Le Grand-Bornand. — Route de Chamonix. — 3° La vallée et le château de Thorens. — 4° Le pont et les bains de la Caille. — 5° Le vallon de Sainte-Catherine. — 6° Ascensions du Parmelan, de la Tournette et du Semnoz. — 7° La grotte de Bange.

I

Promenades. — Les Barattes. — Maison de J. Replat. — Annecy-le-Vieux. — Brogny. — La Bornalla. — Châteaux de Monthoux et de Proméry.

Maintenant, que le lecteur veuille bien nous suivre dans d'autres parties des environs d'Annecy. Si nous l'encourageons à prendre le bâton de touriste avec nous, c'est que nous sommes persuadé qu'il n'aura aucun regret d'avoir parcouru nos collines et gravi nos montagnes, auxquelles s'attachent plus d'un souvenir précieux. Il nous faudra deviser encore d'histoire et d'archéologie, mais comme diversion, nous aurons sous les yeux une nature charmante, pour laquelle nous voudrions faire partager à l'étranger l'admiration qui nous anime. Que cette admiration soit outrée, c'est possible; mais nous sommes excusable, car on a répété si souvent que la Savoie est un pays aride et désert, qu'il est bien permis à un Savoyard de se laisser aller à un sentiment d'orgueil lorsqu'il prouve le contraire.

La ville d'Annecy, par sa position au bord d'un lac comme on en trouve peu d'aussi gracieux, même en Suisse, se présente de tous les points sous un aspect très pittoresque. Elle est entourée de promenades charmantes, dont la plus belle est le Pâquier, soit l'avenue d'Albigny; on y jouit d'une vue superbe qui embrasse la plus grande portion du lac, dont une partie est cachée par le roc de Chère. A droite, sur le premier plan, Annecy dont les murs se réflètent dans l'eau, la colline de la Puya, et plus loin le Semnoz; à gauche, les vignobles de Veyrier, puis Menthon, le roc de Chère et la Tournette au front majestueux; au fond du tableau, des montagnes qui semblent venir mourir les unes dans les autres, et ménagent ainsi une admirable perspective: tout cela forme un ensemble gracieux et charmant que l'on ne peut se lasser d'admirer.

Ce magnifique panorama, unique dans son genre, a été décrit avec la plus grande exactitude par M. Francis Wey, à qui la Haute-Savoie doit en grande partie d'être aujourd'hui le rendez-vous de nombreux touristes.

« A la différence du lac de Genève où le point de vue ne peut embrasser qu'un des bords, dit cet éminent écrivain, les proportions du bassin d'Annecy donnent des fonds complets de tout côté, et des caps reliés à des courbes accomplies. Je n'ai vu nulle part la nature si harmonieusement distribuée, ni de romantiques paysages d'une si classique régularité. L'accord de ces deux caractères introduit le *style* dans les compositions de la nature. Le fond arrondi du lac se décrit nettement dès que sa cuve s'élargit ; mais la puissance du regard s'énerve à vouloir gravir au-delà, jusqu'au sommet de l'horizon, la ronde que les montagnes forment à l'entour. Elles sont en effet très évasées, et inclinées en longues pentes adoucies, jusque vers Doussard, ce qui permet d'embrasser tour à tour, sous les rocs déchiquetés d'Entrevernes, les noires forêts du Charbon, les futaies vierges de la Combe-d'Ire que couronne le Malcalou, dominé par les crêtes de Seythenex qui scient les nuages; puis enfin, au fond du tableau, les cimes roses et moirées de neige qui limitent la vallée de Faverges (1). »

L'avenue d'Albigny aboutit au village de ce nom. La route longe ensuite le lac et conduit directement à La Tour, l'habitation d'Eugène Suë dont nous avons déjà parlé dans le cours de notre excursion sur le lac.

A gauche de la maison d'E. Suë s'étend la colline des *Barattes* qui a le privilége d'être illustrée non seulement par le grand romancier français,

---

(1) *La Haute-Savoie, récits d'histoire et de voyages,* par M. Francis Wey. Cet ouvrage, écrit avec esprit et très exact, est le plus complet qui ait été publié sur notre département; il n'a pas peu contribué à faire bonne justice des préjugés qui pesaient sur la Savoie. C'est un guide indispensable au voyageur qui veut parcourir nos vallées.

mais encore par l'écrivain le plus brillant qu'ait eu la Savoie dans le milieu de ce siècle. La seconde villa que l'on rencontre après la Tour, cette petite maison de campagne coquettement assise au milieu de bosquets touffus et devant laquelle s'étend une terrasse enguirlandée de lierre et de rosiers, est celle de Jacques Replat, avocat distingué et écrivain de mérite que la mort a ravi à son pays le 28 octobre 1866.

Jacques Replat, que nous avons déjà cité plusieurs fois dans ce volume, est l'auteur d'un grand nombre de publications historiques et littéraires, qui toutes se rapportent à la Savoie dont il était l'un des enfants les plus dévoués. Son talent atteignait à la hauteur de son patriotisme, et sous les formes les plus variées il a su payer à sa patrie son tribut d'admiration et lui donner des preuves durables de son attachement. Comme orateur, poète, historien et romancier, Jacques Replat s'est acquis, dans toute l'ancienne Savoie, une grande réputation : honnête homme avant tout, il a eu la douce satisfaction de recueillir de son vivant la récompense la plus précieuse au cœur du bon citoyen, l'estime de l'universalité de ses compatriotes.

Il débuta par la poésie et publia en 1835 *Duingt, Menthon et Montrotier*, petit poème historique. Il fit paraître ensuite l'*Esquisse du comté de Savoie au* XIe *siècle* (1836) et *Le Sanglier de la forêt de Lonnes* (1840), deux romans historiques qui rappellent la manière de Walter-Scott. Puis vinrent une *Note sur le passage d'Annibal dans les Alpes*, une *Etude sur la poésie des Alpes*, un *Voyage au long cours sur le lac d'Annecy*, l'*Ascension au Semnoz*, une *Note sur madame de Warens*, les *Amours de la*

Joson, et enfin les *Bois et Vallons,* son dernier et son meilleur ouvrage. Nous omettons dans cette énumération plusieurs notes ou poésies insérées dans divers recueils périodiques.

Homme à l'imagination essentiellement poétique, Jacques Replat aimait passionnément la campagne, au milieu de laquelle il pouvait rêver à son aise et donner un libre essor à ses instincts d'indépendance, où il trouvait un aliment pour entretenir le feu de son imagination, avide de scruter une à une les beautés de la nature devant lesquelles son admiration était constante. Depuis la terrasse de sa maison, de son cabinet de travail même, il pouvait contempler le spectacle magique de tout le bassin d'Annecy : à ses pieds il voyait s'étendre la plaine des Fins découpée en jardins et qui dans l'été ressemble à une vaste nappe dorée ; en face de lui, Annecy apparaissait comme un port de mer en miniature, placé sous la protection de son château campé fièrement sur les rocs du Crêt du Maure ; à gauche, il promenait ses regards sur la surface azurée du lac qui donnait à tout cet admirable paysage un éclat, une animation qu'on chercherait vainement ailleurs.

Jacques Replat a voulu vivre et mourir au milieu de toutes ces magnificences ; après s'être inspiré auprès d'elles, après leur avoir dû les meilleurs élans de son cœur et les accents les plus suaves de sa lyre, son dernier regard a été pour elles et son âme s'est envolée vers le séjour éternel contente d'avoir pu leur donner un dernier adieu !

Le 29 octobre 1866, le cortège funèbre qui suivait les restes de Jacques Replat sillonnait la colline des Barattes ; le temps était brumeux ; le chant grave des prêtres s'élevait avec peine au milieu d'une nature qui s'apprêtait à mourir aussi ; parfois les oiseaux fidèles au pays voletaient de branche en branche sur les haies qui bordent le chemin, et semblaient par leurs cris précipités manifester de la douleur mêlée à de l'effroi ; détachées de leurs branches par une douce brise, les dernières feuilles de l'automne venaient s'abattre sur le drap mortuaire ; au loin, la cloche du village tintait d'un son lugubre, et à ce signal le travailleur des champs s'approchait de la voie, se découvrait et de sa main caleuse essuyait une larme versée au souvenir d'un honnête homme !

La nature, comme pour rendre hommage à celui qui l'avait tant aimée, avait pris ce jour-là un aspect de sombre poésie : et si l'âme du poète a pu assister d'en haut à ce touchant spectacle, elle a dû remercier Dieu d'avoir permis que tout se soit terminé pour elle sur la terre suivant ses plus chères aspirations !

. . . .

On a découvert sur la colline des Barattes un grand nombre d'antiquités romaines : des restes de thermes, des amphores, des médailles et des murs de fondations très épais. Les restes de thermes ont été trouvés par J. Replat sur sa propriété ; en fouillant le terrain, il a extrait des conduits en terre cuite et plusieurs dalles en marbre blanc qui ont dû orner une salle de bains, et qui reposaient sur une couche de *rudus*. Les amphores se trouvaient dans un verger situé près de la propriété de M. Replat, et dans des caveaux semi-circulaires, tous attenant à un mur très épais ; elles sont déposées, en partie, dans le musée archéologique d'Annecy. En 1850,

M. E. Serand, en examinant une brique que J. Replat avait trouvée dans son jardin, remarqua qu'elle était composée d'une argile fine et micacée, que Pline et plusieurs autres auteurs citent comme étant la meilleure pour le briquetage; elle portait en relief le nom de *Glarianus*. Or, ce nom se retrouve sur toutes les briques découvertes à Aix-les-Bains; on peut donc présumer que les bains des Barattes ont été construits à peu près à la même époque que ceux d'Aix, c'est-à-dire dans le siècle d'Auguste, suivant l'opinion vulgaire.

On a aussi découvert, chez J. Replat, une inscription romaine gravée sur une pierre longue de 70 centimètres et large de 55. Elle est ainsi conçue :

MVR.......PRIVAT
L. LICINI
TITVRIANI.

Cette inscription était déposée autrefois près d'un pavillon de la villa Ruphy; aujourd'hui elle appartient au Musée d'Annecy.

Au-dessus de la villa Ruphy est située une grotte près de laquelle on arrive par un chemin qui serpente dans un magnifique bois d'ormeaux. Mais pour atteindre cette excavation, on n'a à son service qu'une méchante échelle suspendue sur l'abîme et peu faite pour encourager le touriste le plus hardi; c'est dommage, car de là on jouit d'une vue magnifique. Il y a quelques années, cette grotte servait d'abri à un prétendu ermite qui se trompait de deux siècles, et qui cherchait à exploiter les gens charitables des environs. Il simulait la pauvreté et l'abstinence des anachorètes, et un vieux bahut caché au fond de la grotte renfermait les provisions les plus délicates. Heureusement sa supercherie fut bientôt découverte, et notre *pauvre moine* dut fuir son séjour aérien pour éviter la cellule de la prison.

Entre les deux pointes de la montagne qui domine les Barattes, se trouve le pré *Vernet*, auquel on arrive par le col de *Rampignon*. C'était une des promenades favorites d'Eugène Suë. Le chemin est rude et difficile, mais le plaisir que l'on ressent après avoir atteint le pré *Vernet*, compense amplement la peine que l'on a éprouvée dans l'ascension. La vue embrasse la plaine des Fins et Annecy ; un cercle de collines vertes forme les bords du tableau, et dans le lointain apparaissent tous les sommets des montagnes des Beauges et du bassin de Chambéry. Le site lui-même ne laisse pas que d'avoir un aspect très pittoresque.

Après avoir parcouru la colline des Barattes, l'on arrive sur celle d'Annecy-le-Vieux. Le premier hameau que l'on rencontre est celui de Vignères, où se trouve la maison qu'habita Eugène Suë avant d'occuper la Tour. Cette maison, d'une modeste apparence, est située presque au bord de la route, dont elle n'est séparée que par un petit jardin.

Le village d'Annecy-le-Vieux (1), bâti sur le point culminant de la colline, est situé dans une position des plus belles. On y remarque un clocher romano-bysantin du XIe siècle, monument d'une chétive apparence, qui ne se soutient que par des

---

(1) 1,344 habitants. — Restaurant.

ceintures et des clés de fer, mais qui est d'un grand prix pour l'archéologue. Cette tour se découpe dans sa partie supérieure en arcades à plein cintre, que supportent des colonnettes terminées par des chapiteaux cubiques de différents dessins, ornements que l'on ne retrouve, suivant M. Blavignac, de Genève, que dans les églises des bords du Rhin. Ce clocher a dû dépendre de l'église d'Annecy-le-Vieux que Guillaume, comte de Genevois, donna au couvent de Talloires en 1192.

Sur la principale cloche d'Annecy-le-Vieux on lit cette curieuse inscription, œuvre d'un curé patriote, mais connaissant peu l'orthographe :

> En lan cinq fracais ie suis nee
> A ma voix les hommes pieu
> Ecoutent l ordre des cieux
>
> Telle est aussi ma destinee
> Qua ma voix tout republicain
> Ecoute un nouveau souverain.

On a découvert à Annecy-le-Vieux un assez grand nombre d'antiquités romaines. Celle dont on a le plus parlé est une inscription incrustée dans le mur intérieur du clocher ; elle est ainsi conçue :

> VI.O MAXIMO
> VINICIVS SEVIRVS
> O ET L·VINICI LATINI
> TRIS SVI NOMINE DAT
> ARAM

On l'interprète ainsi : *Jovi Optimo Maximo Vinicius Sevirus suo et Lucii Vicini Latini patris* ou *fratris sui nomine dat aram*. On voyait jadis une autre inscription sur une pierre qui formait le seuil de la porte de l'ancienne église, mais elle était à moitié effacée par le temps; on ne pouvait en lire que ce qui suit :

LAVRI...IP..Æ...LLINAR...FIDE DVPIA.

Les murailles de l'ancienne église contenaient aussi un grand nombre de fragments d'inscriptions mutilées par le marteau du maçon. Derrière la nouvelle, qui est d'un style peu gracieux, disons-le en passant, on retrouve beaucoup de *rudus*, et tout près de là, sur la porte d'une maison, on lit l'inscription suivante :

POMILIVS ADIVTOR.

Dans la propriété de M Rochet, dont la maison est située en face de l'église, on a trouvé sept ou huit compartiments de bains, avec des conduits entourés de plaques de marbre blanc; le sol était formé de *rudus* poli.

Quant aux médailles romaines, elles ont été découvertes en grande quantité sur toute la colline, et chaque jour le soc de la charrue rencontre des murs très épais enfouis sous la terre depuis des siècles.

N'oublions pas, avant de quitter Annecy-le-Vieux, de signaler *les Glaisins*, bois charmant perdu dans les ondulations du terrain derrière la colline, et où se présentent çà et là des échappées de vue ravissantes sur le lac.

A l'extrémité nord de la colline d'Annecy-le-Vieux se trouve le hameau de Brogny, où est né le célèbre cardinal de ce nom. A une petite distance de ce hameau on voit un très beau pont, élevé sur le Fier en 1850, et auquel aboutissent les routes de Bonneville et de Genève. Suivez la première de ces routes et vous vous trouverez bientôt près de *la Bornalla,* défilé du Fier, où l'eau d'un vert foncé coule entre deux bancs de grès érodés, fouillés, creusés en cirques, en puits, en entonnoirs, en demi-lunes. Au sommet des assises s'avancent des buissons, des sapins, des arbustes d'un vert intense, qui contrastent avec les tons gris ou ocreux des rochers. Des stalactites d'un jaune chaud pendent en festons de tuf, mariés à la verdure éclatante de la mousse qui les recouvre en partie. Les ronces se balancent comme de longs serpents, et des racines, semblables à des lianes, pendent jusqu'à la surface de l'eau. De petits filets d'eau tombent de tous côtés, tandis qu'une digue énorme refoule le Fier dans un canal qui alimente un moulin. Dans le fond on aperçoit les forêts sombres des montagnes de Thorens.

Sur la route de Genève, à quinze minutes de Brogny, s'élève le château de Monthoux, qui a conservé un peu du caractère féodal malgré les nombreuses restaurations qu'il a subies depuis quelques années. Il n'a toutefois rien de saillant dans son architecture; la façade méridionale est flanquée de deux tours; la façade septentrionale présente quelques traces de constructions anciennes. On y voit des fenêtres à tiers-points, accouplées et ornées de moulures toriques en usage au xive siècle. L'intérieur est entièrement moderne.

Le château de Monthoux appartenait autrefois à la famille de ce nom, qui tenait un haut rang dans la noblesse du Genevois. Ce manoir a donné l'hospitalité à Henri IV lorsque ce roi s'empara de la Savoie; ce fait était certifié par une lettre autographe du *bon* roi, qui remerciait les propriétaires de Monthoux de l'accueil qu'ils lui avaient fait. Ce document, que beaucoup de personnes ont lu, suivant M. C. Dunant, a été soustrait des archives du château où il se trouvait encore il y a quelques années.

A droite du château de Monthoux et sur le penchant de la colline, on voit apparaître un autre manoir dont la façade est partagée par trois avant-corps simulant des tours portant chacune un toit fort élevé à pans coupés; une terrasse, dont les angles sont flanqués de deux tours couvertes de lierre, s'étend devant ce château : c'est l'antique demeure de René Favre de la Valbonne, le fils aîné du président Favre et le frère de Vaugelas. Il est vulgairement connu sous le nom de château de Proméry.

Un perron, recouvert d'une arcade, introduit le visiteur dans une galerie ouverte, à l'extrémité de laquelle se développe l'escalier principal logé dans l'avant-corps central. « Le premier et le second étages, dit M. C. Dunant, renferment encore quelques pièces dont la décoration remonte à l'origine du château, qui a dû être bâti au commencement du XVIIe siècle : telles sont les galeries carrelées, la chapelle voûtée, deux autres grandes salles sous des planchers soutenus par de grosses poutres portant transversalement plusieurs rangs de solives nuancées de différentes couleurs. Dans ces salles, des frises entremêlées de cartouches, de devises et d'arabesques peints sur les murs, marquent les limites des tapisseries à personnages qui devaient voiler autrefois la nudité des trumaux. »

On voit écrites, sur chaque porte, des devises ou des sentences qui révèlent le caractère et les goûts de René Favre. Ainsi, sur la porte d'entrée on trouve cet avis :

> A cette porte bat l'ami
> Et y est battu l'ennemi.

Sur la face intérieure de la seconde porte :

> Celui qui veut sortir d'une telle maison
> Sans désir d'y rentrer, sort aussi de raison.

Sur la porte de la cuisine, ces trois mots de Spartiate :

> Pain, paix, peu.

Le cabinet de travail jetait aux importuns ces mots latins :

> Alias aliis
> Hic mihi.

Ailleurs, le seigneur de la Valbonne écrit cette sentence hardie pour l'époque :

> Il n'y a autre noblesse
> Que celle que vertu laisse.

Enfin, voici d'autres vers bien aussi hardis, même pour le temps présent, et que René tenait de Claude Mermet, secrétaire ducal, qui s'occupait de poésie :

> Une femme bonne
> Vaut une couronne,
> Mais c'est bien fortune
> Que d'en trouver une (1).

(1) Pour excuser Mermet de son audace, nous rappel-

II

La voie romaine de Dingy-Saint-Clair. — Jean-Jacques Rousseau et mesdemoiselles Galley et de Graffenried. — La vallée et la ville de Thônes — Le Grand-Bornand. — Route de Chamonix.

Pour arriver à Dingy-Saint-Clair, on suit la route qui conduit d'Annecy à Thônes. Après avoir gravi la colline d'Annecy-le-Vieux et avoir atteint un hameau appelé *Sur-les-Bois,* on descend dans une vallée étroite, mais très pittoresque, au fond de laquelle coule le Fier. Après une heure de marche environ, on se trouve au pont de Saint-Clair. Aujourd'hui le pont romain n'existe plus ; il a été remplacé par un autre de construction moderne, qui conduit à la voie romaine. Cette voie est en partie taillée dans le roc,

lerons deux autres de ses quatrains qui ont bien leur mérite :

> Les amis de l'heure présente
> Ont le naturel du melon,
> Il en faut essayer cinquante
> Avant d'en rencontrer un bon.
>
> Tu dis que tu es gentilhomme
> Par la faveur du parchemin,
> Si un rat se trouve en chemin
> Tu seras puis simplement homme.

et dans quelques endroits elle est supportée par des arcades en pierres équarries et simplement superposées sans ciment. En suivant ce chemin on arrive à un endroit où le roc est plus élevé et où se trouve gravée une inscription qui apprend au visiteur que cette voie a été réparée par *Tincius Paculus*, un riche patricien, probablement établi en Allobrogie; elle est ainsi conçue :

   L. TINCIVS
    PACVLVS
   PERVIVM FEC
     L....

Le chemin de Saint-Clair n'est pas très large : c'était une voie romaine de second ordre qui partait d'Albertville, se détachant de la grande voie qui conduisait à Vienne en Dauphiné, passait par Faverges, Talloires, le pont de Saint-Clair, aboutissait à Bonneville, et de ce dernier point conduisait à Genève (1).

A dix minutes environ du pont de Saint-Clair on voit l'endroit où était construit le prieuré de ce nom, fondé par saint Bernard de Menthon sur les ruines d'un temple élevé par les Romains en l'honneur de Minerve. Ce prieuré, dont il ne reste que quelques ruines, fut d'abord occupé par des bénédictins; dans la suite, ayant été sécularisé, il ne fut plus desservi que par un seul prêtre. A la Révolution française, il fut déclaré propriété nationale. Dans les anciens titres, ce prieuré est nommé Saint-Bernard ou Saint-Clair de la Cluse

(1) Nous sommes heureux de profiter de cette circonstance, pour signaler et recommander au touriste archéologue, les travaux publiés sur les voies romaines en Savoie par notre savant ami l'abbé Ducis.

à cause de sa situation (1). Il jouit pendant longtemps d'une grande réputation dans le pays; on y venait en pèlerinage prier saint Clair pour se guérir des maux d'yeux.

La vallée du Fier n'est pas seulement remarquable par ses sites pittoresques; elle conserve aussi le souvenir des deux illustres penseurs que nous avons déjà trouvés réunis sur les bords du lac. C'est à cette vallée que Rousseau a attaché, suivant l'expression de J. Replat, le souvenir de la plus suave idylle de sa jeunesse; c'est là qu'un jour il fit la rencontre de ces deux rieuses jeunes filles, Mlles Galley et de Graffenried; c'est là qu'il prit le cheval de la première par la bride et qu'il traversa le *ruisseau ayant de l'eau jusqu'à mi-jambes.*

Si le lecteur veut pousser sa promenade plus avant, il peut suivre en esprit Jean-Jacques, qui était monté en croupe derrière Mlle de Graffenried, dont il entourait la taille de ses deux bras; il parcourra la fraîche et riante vallée de Thônes (2), et sur la route de cette petite ville aux Villards, il rencontrera le château de la Tour, où notre futur philosophe et ses compagnes, après avoir cuisiné en batifolant, mangeaient leur frugal dîner avec une gaîté insouciante qui les enivrait de bonheur. Puis,

---

(1) Le registre de la visite épiscopale faite à Dingy le 12 septembre 1414 finissait ainsi: « Intra limites parochiæ dictæ ecclesiæ (Dingy) est quidam prioratus in loco *de Clusa* dependens a monasterio de Gigniaz, unius prioris cum uno monacho, valens in portalis septies vigenti florenos. (Extrait de notes manuscrites du ch. David.)

(2) Rousseau a écrit *Toune* qui est le nom patois.

il cherchera à découvrir dans le verger la place où se dressait le cerisier du haut duquel Jean-Jacques jettait aux deux jeunes filles des bouquets de cerises qu'il aurait voulu de bon cœur remplacer par ses lèvres ! (1).

Eugène Suë, qui aimait à parcourir souvent la vallée du Fier, l'a décrite admirablement dans son ouvrage intitulé *Cornélia d'Alfi* et écrit spécialement pour faire connaître les environs d'Annecy. Voici comment s'exprime l'illustre écrivain :

« A travers l'échancrure des deux murailles calcaires surélevées au-dessus du pont de Saint-Clair et qui, noyées d'ombre, forment un vigoureux repoussoir, apparaissent au loin les abords enchantés des vallées de *Thônes*, de *Dingy* et de *Menthon*, inondées d'une éblouissante lumière...

« Ces trois vallées aussi riantes, aussi fertiles, aussi diversement cultivées, que la vallée de *Nâves*, comme elle entourées de montagnes verdoyantes depuis leur base jusqu'à leur faîte, comme elle arrosées d'innombrables cours d'eaux vives, comme elle boisées d'arbres de toutes sortes et d'une végétation luxuriante, ces trois vallées ont cependant chacune leur aspect propre, leur caractère particulier !

« Les pâturages de *Dingy* montent presqu'à pic jusqu'aux premières assises de la crête du *Parmelan*, ce mont bizarre dont la cime ro-

---

(1) M. Camille Roqueplan a peint deux toiles excellentes, représentant, l'une, J.-J. Rousseau passant le gué, et l'autre, Jean-Jacques sur le cerisier. Ces deux tableaux se trouvent chez M. de Rothschild, au château de Ferrières.

cheuse ressemble à un château fort bâti par les Titans. Rien ne peut donner une idée de ces pentes de trois à quatre mille pieds d'élévation couvertes de prairies veloutées, émaillées d'une foule de fleurs alpestres; pentes si rapides que, lors de la fenaison, les faucheurs de ces prés presque perpendiculaires ne peuvent se maintenir qu'au moyen de crampons de fer attachés à leurs chaussures...

« A mi-côte, ce sont des bois touffus, des champs amoureusement cultivés, entourant quelques châlets isolés ou un hameau bâti au flanc de la montagne; puis c'est le bassin de *Dingy*, ses beaux arbres, ses riches guérets, ses moulins, ses scieries dont les roues puissantes sont mues par la rivière qui se déverse dans le Fier : c'est enfin le bourg, pittoresquement groupé à l'ombre de noyers magnifiques, que domine le clocher écaillé de fer blanc.

« La vallée de *Menthon* se prolonge jusqu'aux bords du lac d'Annecy, et ses sites plus planes sont moins tourmentés, ses coteaux doucement ondulés sont inépuisables en détails charmants; des sources vives, se frayant un passage entre les racines déchaussées de quelque arbre centenaire, murmurent dans les hautes herbes; des bois d'épicéas et de mélèzes se dressent en amphithéâtre sur un sol couvert d'une couche de mousse compacte de plus d'un pied d'épaisseur, frais tapis brodé de petits cyclamens roses et odorants qui cède moelleusement sous les pas; les montagnes dont cette vallée est encaissée, aussi revêtues d'un manteau de verdure, sont remarquables par la variété de leurs lignes d'une originalité superbe, entre autres le cône immense d'*Alex*, pyramide de prairies et de forêts, surmontée d'une couronne murale formée par la dentelure des roches ; à l'extrémité de la vallée se dressent les donjons de l'antique château de *Menthon,* perché comme un nid d'aigle au faîte de son roc ; puis enfin l'on a pour extrême point de vue, l'entassement bleuâtre des montagnes dont les croupes, les cimes, les pitons s'élèvent au-dessus du bassin de Talloires.

« La vallée de *Thônes* offre un aspect tout différent, c'est déjà ce qu'on appelle la *grande montagne ;* en effet, tout s'agrandit encore, et au nord surtout, la nature gagne en majesté ce qu'elle peut perdre en grâce ; les forêts de sapins, atteignant des proportions énormes, s'étagent à des hauteurs dont le regard ne saurait mesurer l'étendue, car leur cime d'un vert sombre se cache presque toujours dans les nuages; mais sur le versant oriental, l'on retrouve l'ondoiement des épis murs, le coloris varié des prairies artificielles, les frais et plantureux pâturages ; les maisons des hameaux, presque toutes construites en châlets à longs toits inclinés, complètent le paysage. Plus loin, en se rapprochant de la ville de Thônes, d'admirables cascades tombent, ainsi que celles de *Morette,* d'une hauteur de trois cents pieds, ou sortent bouillonnantes de noirs souterrains dont on ignore la profondeur, répandent leurs flots de cristal au milieu des roches et se divisent en mille ruisseaux sillonnant les pelouses.

« Mais ce qu'il faut renoncer à peindre, ce sont ces effets magiques d'ombres transparentes et de lumière éblouissante, ces glacis d'or que le soleil, commençant alors à décliner, jetait sur ces merveilles de végétation accumulées dans les quatre vallées immenses, que Cornélia, placée au milieu du pont d'*Alex*, embrassait tour-à-tour d'un œil ravi ; elle restait muette, palpitante, en proie à un nouveau vertige, mais celui-là, le plus doux des vertiges, touche au sentiment religieux par l'admiration que nous inspire la puissance et les trésors inépuisables de la création !

« Madame d'Alfi, cette femme altière, blasée, bronzée, joignit les mains, et les yeux humides s'écria :

« — Que c'est beau... mon Dieu ! que c'est beau ! »

. . . .

La ville de Thônes (1) est agréablement située au centre de vallées fertiles dont les populations industrieuses sont dans une grande aisance. Beaucoup d'habitants de ces vallées émigrent à l'étranger, et presque tous reviennent finir leurs jours dans leur pays après avoir fait des fortunes dont quelques-unes se sont élevées jusqu'à plusieurs millions.

Thônes possède un collége où l'on enseigne toutes les langues modernes, une école d'horlogerie et un magnifique hospice dû à la munificence de M. Joseph Avet, négociant à la Nouvelle-Orléans.

Nous ne voulons pas quitter ces vallées sans signaler d'une manière spéciale celle du Grand-Bornand (2) dont l'aspect réellement grandiose frappe tous les amateurs de la nature alpestre.

En suivant la route qui conduit au Grand-Bornand jusqu'à Saint-Jean-de-Sixt, on peut se

---

(1) 2,710 hab. — Bons hôtels.
(2) Bon hôtel.

rendre à Chamonix en passant par La Clusaz, le col des Aravis, La Giettaz, Flumet et Megève. Cette route, presque inconnue aujourd'hui des étrangers, est appelée à jouir d'une grande vogue, parce qu'elle fait connaître des sites remarquables, restés ignorés au milieu de ce massif de montagnes compris entre la vallée de l'Arve et le lac d'Annecy.

III

La vallée et le château de Thorens.

La vallée de Thorens est intéressante à visiter à deux titres différents, d'abord parce qu'elle est une des parties les plus pittoresques des environs d'Annecy, et en second lieu, parce qu'on y retrouve le souvenir de la famille de Sales qui y avait sa résidence.

A deux heures environ d'Annecy, et près du Plot (1), petit village où sont les bureaux de la douane, la route de Bonneville se divise en deux branches ; l'une se dirige vers le Faucigny, et l'autre, remontant le torrent de Fillières, conduit dans la vallée de Thorens, vallée magnifique, à la végétation forte et luxuriante, couverte de bois de sapins et de petites chaumières construites à la manière des chalets suisses.

Au commencement du XIe siècle, cette vallée

(1) 1580 hab. — Restaurant.

vit s'élever, à peu de distance l'un de l'autre, les deux châteaux de Sales et de Thorens. Le premier devint le berceau de l'illustre famille de François de Sales et fut détruit en 1630, par ordre du maréchal de Châtillon qui, dit-on, voulut punir ainsi Louis de Sales d'avoir résisté à l'armée française qui s'empara d'Annecy à cette époque (1). Le second manoir, bâti par Gérold, comte de Genevois, fut inféodé, en 1060, à Oddon de Compey.

Les deux familles de Sales et de Compey furent bientôt divisées par une rivalité qui se perpétua pendant plusieurs siècles, et qui eut pour principal motif une question de prépondérance dans les conseils du prince suzerain. Après des luttes de toute sorte, où le sang coula plus d'une fois, les de Sales finirent par l'emporter sur leurs adversaires qui, du reste, s'étaient attiré l'animadversion de toute la noblesse du Genevois par leur caractère hautain et tracassier.

Philibert de Compey ayant tué un seigneur de Menthon, Janus de Savoie confisqua la seigneurie de Thorens et l'inféoda à sa femme, Hélène de Luxembourg. Mais le duc de Savoie réintégra Philibert dans ses possessions, après l'avoir gracié. Plus tard, Philibert de Sacconnay, héritier des biens et du caractère turbulent des Compey, ayant entretenu des relations avec les calvinistes genevois, fut exilé et dépouillé de son héritage qui retourna aux Luxembourg.

Quelque temps après, un homme abîmé par la maladie et de l'aspect le plus misérable, vint demander l'hospitalité au château de Sales, alors possédé par le comte Christophe : c'était Philibert de Sacconay, l'exilé. Craignant d'être

---

(1) Voir pages 45 et 46.

découvert, il ne voulut pas accepter l'offre que lui fit Christophe de Sales, de le faire transporter dans ses propres appartements, et il se coucha sur le lit d'un des domestiques Puis, sentant sa fin approcher, il se fit porter au château de ses ancêtres et là, comme s'il eût voulu faire acte de protestation contre la confiscation de ses biens. il dicta ses dernières volontés, tout en avouant qu'elles n'auraient aucun effet et qu'il prévoyait que la seigneurie de Thorens appartiendrait un jour aux de Sales. Ramené presque mourant dans le château du comte Christophe, il demanda pardon à ce dernier de tout le mal que sa famille avait fait à la maison de Sales et il rendit le dernier soupir ; avec lui finirent les Compey.

La prédiction de Philibert s'accomplit ; Sébastien de Luxembourg vendit le château de Thorens au seigneur de Sales, son écuyer, dont les descendants ont fourni tant d'illustrations dans les sciences, les armes et la diplomatie. Il n'est pas inutile de rappeler ici qu'un des premiers hommes d'Etat de l'époque moderne, M. de Cavour, descend des de Sales par sa mère.

Le château de Thorens, tel qu'on le voit aujourd'hui, rappelle, ainsi que le dit M. Dunant. l'image d'un vieux navire démâté. Assis sur un tertre, à l'entrée d'une vallée encaissée entre deux montagnes hérissées des sapins gigantesques, il semble participer du caractère de la nature agreste au milieu de laquelle il est placé ; tout est irrégulier, désordonné dans ses constructions. La cuisine, la tour carrée à moitié ruinée et les appartements adjacents paraissent être les parties les plus anciennes de cette vieille maison forte. L'intérieur a subi des réparations modernes On y voit quelques tableaux précieux de l'ancienne école française; parmi ces chefs-d'œuvre de l'art que l'étranger s'étonne de rencontrer dans une vallée si reculée, on remarque une toile de Greuze ainsi que des tableaux de fleurs de Van Spaendonk et de Mme de Grolier, artiste distinguée, et aïeule maternelle du propriétaire actuel, M. le comte de Roussy de Sales.

Quant à l'ancien château de Sales, détruit en 1630, une chapelle rustique, élevée sur les murs de la chambre où naquit saint François, marque seule l'emplacement qu'il occupait.

On conserve dans le château actuel plusieurs objets provenant de l'auteur de la *Vie dévote,* entre autres sa crosse, sa mitre et son bréviaire.

IV

Le Pont et les Bains de la Caille.

Ce pont est situé sur la route d'Annecy à Genève, à deux heures de distance de la première de ces villes. Il est suspendu sur un précipice profond de deux cents mètres et large de cent quatre-vingt-douze. Ce pont audacieux, qui excite la curiosité de tous les étrangers, est soutenu par douze câbles en fils de fer, qui reposent sur deux tours et vont s'amarrer dans des puits de dix mètres de profondeur. La longueur de ces câbles est de trois cents mètres; celle du tablier est de cent quatre-vingt-douze mètres sur une largeur de six. Le plancher est supporté par cent trente-deux poutrelles qui tiennent aux câbles par deux cent soixante-quatre tiges en fils de fer. Les tours sont cylindriques et couronnées de créneaux ; elles ont vingt mètres de hauteur au-dessus du niveau du pont et quatre mètres de diamètre ; elles sont construites en pierres dures, liées à l'intérieur par des crampons en fer.

Au fond du val des Usses sur lequel est jeté le pont de la Caille, se trouve un petit établissement de bains. Les eaux thermales de la Caille étaient connues des Romains, dit-on ; elles ont été perdues ou oubliées pendant longtemps, et ce n'est que depuis le commencement de ce siècle que l'on en fait de nouveau usage. On n'y établit d'abord que des cabanes en planches pour recevoir les baigneurs ; mais, il y a quelques années, M. le chanoine Croset-Mouchet a complètement réorganisé cet établissement qui aujourd'hui est très fréquenté par les malades des villes voisines.

V

Le Vallon de Sainte-Catherine.

Le vallon de Sainte-Catherine, qui étend ses fraîches pelouses sur le versant occidental du Crêt-du-Maure et des Puisôts, est le but d'une des courses les plus intéressantes qu'on puisse faire aux environs d'Annecy.

On sort de la ville par la rue et le faubourg de Sainte-Claire et on suit le chemin des Balmettes qui, à l'ombre de magnifiques noyers, côtoie la montagne et conduit au hameau de Vovray. Là, on prend la route qui s'engage dans la montagne et aboutit à une ferme en serpentant au milieu des prés ; on se trouve alors dans le vallon de Sainte-Catherine. De ce petit coin, tapissé de verdure et émaillé de fleurs au printemps et en été, l'aspect du paysage ne ressemble en rien à celui de l'autre côté de la montagne ; ici tout est en miniature, et rien ne rappelle les grandes lignes harmonieuses que M. F. Wey a si bien nommées le *style* dans les compositions de la nature ; le calme règne sans cesse dans cette petite vallée, éloignée des bruits de la ville et à l'abri des orages.

Aussi n'est-il pas étonnant que ce lieu ait été choisi pour y installer un couvent dont le nom seul reste aujourd'hui. Le monastère de Sainte-Catherine fut fondé vers l'an 1179, par Béatrix, fille du comte de Genevois Guillaume I, suivant Besson (1), ou par la belle-fille de ce comte, suivant le chanoine David (2) Il reçut principalement des filles de familles nobles et les comtes de Genève l'enrichirent de nombreuses donations ; plusieurs de ces princes y furent ensevelis et l'on voyait dans la chapelle le tombeau de Guillaume I. Gui de Genève, évêque de Langres, mort environ en 1290 ; Robert, évêque de Genève, mort en 1288 ; Jean de Bertrand, archevêque de Tarentaise, etc., y eurent aussi leur sépulture.

---

(1) *Mémoires pour l'histoire ecclésiastique des diocèses de Genève, Tarentaise*, etc., p. 130.
(2) Notes manuscrites en la possession de l'auteur.

Dans la liste des abbesses, on voit figurer les noms de presque toutes les familles nobles de la Savoie. Sainte-Catherine était une vraie abbaye princière.

Mais tous les éléments de prospérité matérielle que réunissait le monastère ne constituaient pas précisément les conditions nécessaires à sa bonne marche morale. Le dérèglement s'introduisit peu à peu au sein de la communauté; saint François de Sales essaya de ramener l'ordre dans le bercail dont les *brebis égarées* ne répondirent pas en majorité à son appel. Ce ne fut que plus d'un siècle et demi après que l'ordre se rétablit, et encore ce ne fut que par la force : vers 1773 le monastère de Sainte-Catherine ayant été supprimé, les religieuses furent annexées à celles de Bonlieu à Annecy (1).

VI

Ascension du Parmelan (2).

Pour arriver au Parmelan, il faut suivre la route de Thônes jusqu'au hameau appelé *Sur-les-Bois ;* là, on descend vers le Fier ; puis, après avoir traversé cette rivière, on passe dans les villages de Naves et de Villaz ; on arrive ensuite au chalet *Chappuis* et enfin au sommet du Parmelan.

(1) V. page 116.
(2) Guides à Villaz.

Cette montagne est le but de courses fréquentes depuis Annecy ; sa sommité ressemble à une véritable mer de rochers, qui donne au paysage un aspect de tristesse et de désolation extraordinaire ; on dirait une région de la mort. Mais en jetant ses regards vers l'horizon, on se trouve en face d'un admirable panorama qui embrasse tout le bassin d'Annecy.

Le Parmelan a une hauteur de 1,832 mètres environ au-dessus du niveau de la mer.

VII

Ascension de la Tournette (1).

Depuis Annecy on peut faire l'ascension de la Tournette en passant par Talloires ou par le Bout du lac ; cette dernière direction est préférable. On se rend au hameau de Vesonne, situé à quinze minutes de Doussard, et l'on gravit une petite montagne pour arriver à Montmin, village perdu dans un vallon pittoresque et où l'on trouve des guides. Il faut ensuite suivre un sentier rocailleux qui conduit aux *prés du Lars*, et après des marches et des contremarches innombrables sur les flancs ou les cimes inférieures de la montagne, on atteint le sommet de la Tournette, élevé de 2,350 mètres au-dessus

(1) Guides à Talloires à Montmin et à Thônes.

du niveau de la mer (1). Depuis Montmin, la durée moyenne de l'ascension est de six heures.

On peut aussi faire l'ascension par Thônes ; de ce côté, le chemin est plus facile, mais beaucoup plus long si on prend Annecy pour point de départ.

La cime de la Tournette est formée d'un roc énorme taillé à pic et partagé en deux parties par une crevasse appelée *Cheminée*, parce qu'il faut en faire l'ascension en s'aidant du dos et des genoux, à la manière des ramoneurs, pour atteindre la sommité du bloc gigantesque qui se nomme le *Fauteuil*.

Du point culminant du Fauteuil, où E. Suë a placé la dernière scène de *Cornélia d'Alfi*, la vue s'étend sur un panorama immense et d'une magnificence sans pareille. Ecoutons la description de ce spectacle grandiose qui s'offrit à la marquise Cornélia d'Alfi lorsqu'elle arriva au terme de son ascension :

« Le ciel sans nuages étendait son velum d'azur sur un horizon de trente ou quarante lieues de circonférence dont la *Tournette* formait le point central ; à l'orient, étincelant d'or, de pourpre et de lumière, s'étageaient les assises du *Mont-Blanc*, cachant encore le soleil qui lentement se levait derrière ces masses d'un blanc aussi pur que la neige dont elles sont incessamment couvertes ; leurs glaciers se dressaient en pitons, en aiguilles élancées comme les flèches d'une gigantesque basilique d'argent ; au-dessous de la grande chaîne des Alpes, dominées par le sommet du *Mont-Blanc*, se dessinaient vigoureusement sur la transparence de

---

(1) Carte de l'état-major italien.

l'horizon, les arêtes des chaînes secondaires ; au midi, les montagnes de la *Tarentaise* et de la *Maurienne*, vers le nord, celles de la Suisse et du Jura ; à l'ouest, celles de l'Isère et du Dauphiné ; puis, dans les bassins creusés entre ces nervures montueuses, les champs, les bois, les lacs, les fleuves, les cités, apparaissaient vaguement à travers la brume matinale ; ce n'était plus la nuit, ce n'était pas encore le jour... mais soudain voici le jour ! l'orbe du soleil s'est élevé lentement au-dessus des dernières neiges et des derniers glaciers du *Mont-Blanc*.. soudain leurs pics d'argent mat, reflétant les premiers feux du jour, s'émaillent d'un rose vif ; les montagnes de la Savoie, du Piémont, de la Suisse, de la France restent encore obscures ; peu à peu leurs cimes les plus élevées se colorent, et parmi elles et des premières, la *Tournette*.. Un jet lumineux vient dorer le *Fauteuil*, puis la plate-forme où se tiennent la marquise et Robert ; les autres sommités s'éclairent successivement et en raison de leur altitude ; à mesure que le soleil monte, la nappe vermeille qui a déjà envahi les hauteurs descend à mi-côte, refoulant les vapeurs de l'aube dans les vallons, dans les plaines, jusqu'alors plongées dans une demi-obscurité ; puis la flèche d'une cathédrale, les tours d'un antique château, le faîte d'une forêt s'illuminent bientôt ; un moment après les plaines elles-mêmes sont inondées d'un torrent de lumière, coupée çà et là de grandes ombres projetées par les montagnes ; alors le cours des rivières et le miroir des lacs brillent de l'éclat du cristal, le réseau blanc des grandes routes poudroie, se croise, se prolonge à l'infini... et le regard ébloui se perd dans la diverse immensité des horizons ! »

Lorsque l'on aura perdu les préjugés qui pèsent encore sur notre belle contrée, la Tournette aura une réputation égale à celle des plus célèbres montagnes de la Suisse.

VIII

Ascension du Semnoz.

Le Semnoz, élevé de 1,698 mètres au-dessus du niveau de la mer (1), est le point culminant de la montagne au pied de laquelle est situé Annecy.

L'ascension de cette montagne ne présente ni difficulté ni danger. On suit la route de Faverges jusqu'au village de Sévrier, et de là on s'engage dans une excellente voie, achevée il y a peu d'années et qui conduit dans les Beauges. La route des Beauges, qui serpente sur les flancs d'une gorge spacieuse et admirablement boisée et cultivée, mérite toute l'attention du touriste ; pendant près de deux heures que dure le trajet de Sévrier à Leschaux, village situé à l'extrémité de la gorge, on voit se succéder les points de vue les plus ravissants sur le lac dont chaque contour de la route varie l'aspect.

De Leschaux, où l'on peut trouver des guides, la durée de l'ascension au Semnoz est d'une heure et demie environ.

(1) Carte de l'état-major italien.

Cette course peut, à la rigueur, être faite dans la même journée, à la condition de prendre une voiture qui conduise le touriste d'Annecy à Leschaux. Mais pour mieux jouir du magnifique spectacle qu'offre la sommité du Semnoz, il faut avoir le courage de coucher dans le village ou dans les chalets, et faire l'ascension au point du jour afin de se trouver sur la sommité au lever du soleil.

Depuis la pointe du Semnoz, que l'on a surnommé à bon droit le *Righi* de la Savoie, la vue s'étend sur la chaîne entière des Alpes dont on peut compter une à une toutes les cimes dominées par le Mont-Blanc.

« La zone du Semnoz, absolument ignorée des commis-voyageurs, forme un rameau détaché du massif des Beauges. Placée entre les bassins d'Annecy, d'Aix et de Rumilly, sa position excentrique a fait de cette montagne un excellent observatoire, unique peut-être dans les Alpes.

« Le Righi offre sans doute des points de vue admirables : sa réputation est faite et bien méritée. Depuis le *Culm*, le regard du touriste se promène sur douze cantons de l'Helvétie et sur quatorze de ses lacs ; mais une chaîne intermédiaire empêche de voir ce qui sépare la Suisse de l'Italie.

« Le Finster-Aarhorn masque le mont Rose, et le Blumlis-Alp cache le Mont-Blanc.

« Depuis le Semnoz, au contraire, les sommités les plus rapprochées sont assez distantes pour ne pas gêner la vue : elle embrasse la grande chaîne des Alpes dans son ensemble, depuis sa base noircie par les forêts de sapins, jusqu'à son faîte resplendissant de l'éclat des neiges éternelles.

« Vu de trop loin, le Mont-Blanc n'est plus

qu'un nuage ; vu de trop près (j'excepte Courmayeur), les montagnes qui lui servent de piédestal en cachent au regard les colossales proportions.

« Mais depuis le Semnoz, le géant apparaît dans toute sa véritable grandeur ; et avec lui, devant nos regards émerveillés, se dressent les aiguilles splendides et les nombreuses cimes, sourcilleuses vassales du roi des montagnes de l'Europe : depuis celles qui vont par delà le Mont-Cenis du côté d'Antibes, jusqu'aux Alpes bernoises, jusqu'aux Alpes extrêmes du Valais. On distingue parfaitement les sommités voisines du Grand-Saint-Bernard ; et vers les dernières limites de l'horizon, s'élevant à une hauteur effrayante au-dessus des dômes argentés qui l'entourent, nous remarquons une pyramide aux reflets cuivrés ; je crois la reconnaître pour celle du Cervin dans la vallée de Zermatt.

« Et si l'on peut se détacher d'un spectacle aussi grandiose ; si l'on veut quitter ces hautes régions pour se reposer sur des scènes plus douces : sans quitter notre belvédère aérien, nous trouvons à portée la nappe du Léman, les riantes collines qui vont en s'abaissant du côté de la France, et les flots bleus de nos lacs de Savoie (1). »

On peut, en descendant du Semnoz, se rendre à Aix en prenant la route qui conduit de Leschaux à Lescheraines, et ensuite celle qui suit le cours du Chéran, encaissé dans un défilé étroit et formant l'une des entrées du plateau des Bauges. La curieuse GROTTE DE BANGE se trouve vers le

---

(1) *Ascension du Semnoz*, par J. Replat.

milieu de ce défilé. Ce qui rend cette grotte intéressante à visiter, c'est le lac qui la termine ; la distance à parcourir de l'entrée de la grotte à ce lac est de 250 mètres environ. Cette nappe d'eau intérieure, formée par les infiltrations de la montagne, est de 66 mètres au-dessous du niveau de l'entrée de la grotte ; sa circonférence est de 100 mètres environ On peut facilement juger de l'étendue et de la grandeur de la salle qui la contient, en lançant sur la surface de l'eau de petites planchettes portant chacune une bougie. On produit ainsi une véritable illumination à *giorno* qui ne fait qu'ajouter à l'originalité du spectacle.

Après avoir visité la grotte de Bange, on continue à suivre la route qui longe le Chéran (1), et on passe à Cusy pour descendre à Grésy-sur-Aix, station du chemin de fer.

FIN.

---

(1) Depuis là, le Chéran roule des paillettes d'or, et la tradition locale veut qu'un gîsement aurifère se trouve aux alentours de la grotte de Bange.

TABLE DES MATIÈRES

	Pages.
Guide du chemin de fer d'Aix à Annecy. . . .	v

PREMIÈRE PARTIE — HISTOIRE

I. — Fondation de l'ancienne ville d'Annecy. — Son existence et sa situation. — Opinions émises sur l'origine de son nom 3

II. — Premier titre où il est fait mention d'Annecy. — Les comtes de Genève y fixent leur résidence. — Les comtes de Genevois et leurs Etats. — Le comté de Genevois passe à la Maison de Savoie. 11

III. — Règne des ducs de Genevois-Nemours. — Le Genevois rentre dans les Etats de Savoie. — Invasions de la Savoie à différentes époques . . 17

IV. — Franchises accordées à Annecy par le comte de Genevois Amé III, en 1367. — Organisation du pouvoir municipal à Annecy sous les comtes de Genevois. — Comment la justice y était rendue. — Lois pénales. — Impôts. 22

V. — Franchises accordées par Amédée VIII, en 1412. — Confirmation de ces franchises par le duc Louis; — par Amédée IX; — par la duchesse Yolande; — et par Charles I. — Franchises accordées par Janus et par Philippe, comtes de Genevois;—par Jacques, duc de Genevois-Nemours;

— par Emmanuel-Philibert; — par Charles-Emmanuel; — par Victor-Amédée I et par Christine de France. — La justice sous les ducs de Genevois-Nemours. — Du pouvoir municipal sous ces princes. — Annecy dans le xvıı° siècle . . . 28

VI. — Ordonnances des princes de Savoie dès 1659. — Centralisation. — Annecy sous la République française, sous les rois de Piémont, sous l'Empire. 35

VII. — Histoire militaire. — Massacre des Espagnols. — Résistance d'Annecy, en 1537. — Entrée de Henri IV, en 1600. — Capitulation d'Annecy, en 1630. — Siége d'Annecy, en 1703. — Siége du château par les Allemands, en 1709. — Combats livrés dans la ville et ses environs, en 1814. — Incendies, inondations et peste 43

VIII. — Histoire littéraire. — Etablissement de l'imprimerie à Annecy. — Fondation du collége. — Fondation des écoles publiques. — L'Académie Florimontane. — La Société Florimontane. — La Bibliothèque publique. — Le Musée. — Instruction publique 55

DEUXIÈME PARTIE — LA VILLE D'ANNECY

I. — Construction de la ville moderne. — Situation topographique et commerciale. — Industrie. — Population. — Institutions de charité 71

II. — Edifices. — Curiosités. 76

TROISIÈME PARTIE — TOUR DU LAC

Le lac. — Habitation d'Eugène Suë. — Maison de Jean-Jacques Rousseau. — Veyrier. — Menthon, son château et ses bains. — Saint-Jorioz. — Sévrier. — Un souvenir de Regnard. — Talloires, son abbaye et la maison de Berthollet. — Ermitage de Saint-Germain. — Duingt et ses châteaux. — La maison de Custine. — La vaisselle du maréchal Lesdiguières. — Bredannaz. — Le bout du lac. — Doussard et sa forêt vierge. — La vallée et la ville de Faverges. — L'abbaye de Tamié . 118

QUATRIÈME PARTIE — COURSES & ASCENSIONS

I. — Promenades. — Les Barattes. — Maison de Jacques Replat. — Annecy-le-Vieux. — Brogny. — La Bornallaz. — Châteaux de Monthoux et de Proméry 155

II. — La voie romaine de Dingy-Saint-Clair. — Jean-Jacques Rousseau et mesdemoiselles Galley et de Graffenried. — La vallée et la ville de Thônes. — Le Grand-Bornand. — Route de Chamonix 168

II. — La vallée et le château de Thorens . . . 175

IV. — Le pont et les bains de la Caille. . . . 178

V. — Le vallon de Sainte-Catherine. 179

VI. — Ascension du Parmelan 181

VII. — Ascension de la Tournette. 182

VIII. — Ascension du Semnoz. 185

ENVIRONS D'ANNECY.

www.ingramcontent.com/pod-product-compliance
Lightning Source LLC
Chambersburg PA
CBHW071933160426
43198CB00011B/1380